guoqiu pingpangqiu

国球乒乓球

阳光快乐体育

本书编写组◎编

主编：张五平

执行主编：尚菲 张五平

YANGGUANG KUAILE TIYU

世界图书出版公司
广州·北京·上海·西安

图书在版编目（CIP）数据

国球——乒乓球 /《国球——乒乓球》编写组编
. —广州：广东世界图书出版公司，2010. 4 （2024.2 重印）
ISBN 978 -7 -5100 -2183 -1

Ⅰ. ①国… Ⅱ. ①国… Ⅲ. ①乒乓球运动 - 基本知识
Ⅳ. ①G846

中国版本图书馆 CIP 数据核字（2010）第 070753 号

书　　名	国球：乒乓球 GUOQIU PINGPANGQIU
编　　者	《国球：乒乓球》编写组
责任编辑	王　红　康琬娟
装帧设计	三棵树设计工作组
出版发行	世界图书出版有限公司　世界图书出版广东有限公司
地　　址	广州市海珠区新港西路大江冲 25 号
邮　　编	510300
电　　话	020-84452179
网　　址	http://www.gdst.com.cn
邮　　箱	wpc_gdst@163.com
经　　销	新华书店
印　　刷	唐山富达印务有限公司
开　　本	787mm×1092mm　1/16
印　　张	10
字　　数	120 千字
版　　次	2010 年 4 月第 1 版　2024 年 2 月第 12 次印刷
国际书号	ISBN　978-7-5100-2183-1
定　　价	48.00 元

前 言

当今时代，人人都明白“科技是第一生产力”、“知识就是财富”，但是，千万不能因此就忽略了对青少年健康体质的培养。青少年时期是身心健康和各项身体素质发展的关键时期。青少年的体质健康水平不仅关系个人健康成长和幸福生活，而且关系整个民族健康素质，关系我国人才培养的质量。为此，《中共中央国务院关于加强青少年体育增强青少年体质的意见》强调“增强青少年体质、促进青少年健康成长，是关系国家和民族未来的大事。”“广大青少年身心健康、体魄强健、意志坚强、充满活力，是一个民族旺盛生命力的体现，是社会文明进步的标志，是国家综合实力的重要方面。”

但是，由于片面追求升学率的影响，社会和学校存在重智育、轻体育的倾向，学生课业负担过重，休息和锻炼时间严重不足，此外，许多学校体育设施和条件不足，学校体育课和体育活动难以保证，导致青少年身体素质下降。近些年体质健康监测表明，青少年耐力、力量、速度等体能指标持续下降，视力不良率居高不下，城市超重和肥胖青少年的比例明显增加，部分农村青少年营养状况亟待改善。解决未来一代学生体质健康不断下降的问题已成为当务之急。

2006 年 12 月 23 日，教育部、国家体育总局、共青团中央联合下发的《关于开展全国亿万学生阳光体育运动的决定》，进一步深化了“健康第一”、“每天锻炼一小时，健康工作五十年，幸福生活一辈子”的健康生活理念，这是我国为改变学生体质健康状况持续下降的不利局面，推动广大学生积极快乐参加体育活动而发出的伟大号召，意义重大而深远。

阳光体育运动的要求是：让中学生走向操场，走进大自然，走到阳光下。阳光体育运动也是快乐的。每个参加者在积极主动地、热情地走进丰富多彩的体育运动，锻炼身体，强健体魄的同时，内心充满活力，充满阳光，享受运动带来的快乐。阳光快乐体育的目标任务是：通过持之以恒地参与阳光快乐体育运动，让青少年养成健康的生活方式，建立奋发向上、不断进取的人生态度，使他们拥有健康的体魄、坚忍不拔的意志品质、良好的心理素质、健全的人格，从而成长为有中国特色的社会主义事业的合格建设者和接班人，为未来拥有成功的人生打下坚实的基础。

为此，我们编写了这套丛书，真切希望为广大青少年全面认识和了解丰富多彩的体育运动、选择出适合自己的运动项目提供一个平台，为他们更好地掌握科学的锻炼方法、获得运动健康知识提供一个窗口，从而为形成“人人参与、个个争先”、生机勃勃的校园体育锻炼氛围，为阳光快乐体育运动的顺利开展和有效实施作出微薄的贡献！适合青少年学生的体育运动项目繁多，各有特色，本系列丛书所涵盖的运动项目主要分为两大类：奥运项目和青春时尚系列运动项目。其中奥运项目包括：篮球、足球、排球、乒乓球、羽毛球、网球、游泳、跳水、花样游泳、赛艇、皮划艇、帆船、水球、田径、体操、艺术体操、重竞技运动、跆拳道、手球、棒球、垒球等；青春时尚系列运动项目主要包括：健美操、户外运动、武术套路运动、散打运动等。丰富多样的运动项目体现了本丛书的全面性、系统性特点，方便广大青少年全面认识和了解丰富多彩的体育运动，根据自己的兴趣爱好、身体素质及学习和生活状况来选择适合自己的运动项目。

本丛书另一个特点是以图文结合的形式介绍每种运动项目，以图释文，图文并茂，让各种动作技术变得易懂易学。这能让青少年更形象、更轻松地理解每一个技术动作，也能更好地培养青少年的空间思维能力，增加学习兴趣。此外，本丛书按教材的逻辑结构编写，每个运动项目介绍内容包括：运动项目的起源与发展、运动项目的基本技术技能、运动项目的快乐入门、运动项目的综合知识、运动项目的竞赛规则、运动损伤及处理措施。条理清晰，简单易懂，让读者在轻松快乐学习该运动项目技术动作的同时，也可了解到相关的一些理论知识。我们衷心希望每个青少年都能将体育运动真正融入到生活、学习和成长过程中去，都能在体育运动中体验快乐，体验快乐的生活方式。祝福每一位青少年都能健康快乐地成长！

本丛书编写过程中，得到了很多朋友的帮助，也从很多同行的著述中得到了启发，特别是陈明生老师为本套丛书提出了许多宝贵意见和指导，在此，表示深深的感谢！

编　者

目录
Contents

第一章 乒乓球运动概述

乒乓球运动发展至今，走过了百年历史，在我国被称为“国球”。它起源于19世纪末的英国，是在桌子上进行的网球运动，因此现在的欧洲人称乒乓球为“桌子上的网球”。本章主要是了解乒乓球运动的起源、发展历程以及乒乓球运动的特点。

第一节 乒乓球的起源、沿革

一、乒乓球运动的起源

乒乓球运动起源于19世纪后期的英国，伦敦的一个闷热天，两个青年看过温布尔登网球赛后，在一家饭馆等待上菜的期间，一边用雪茄烟盒盖当扇子，一边讨论网球技战术，讨论到激烈处，就从地上拣起软木塞酒瓶盖当球，以桌子为球台，中间拉一细绳为网，用盒盖打球，吸引了店内服务员给予喝彩。闻声过来的女店主见此情景，不禁脱口喊出“Table Tennis”意为“桌上网球”，为乒乓球命名，一直用到今天。1880年，英国一家体育器材用具公司以“弗利姆-弗利姆”（Film - Film）、“高马西”（Goossime）等名称刊登乒乓球器材广告，乒乓球运动在英国逐步盛行。

1890年左右，英国退役的越野跑运动员詹姆斯·吉布，把在美国作为玩具的赛璐珞球带回英国，并用于乒乓球运动。由于当时普遍使用的是羔皮纸球拍，于是击到球和球碰台后会发出“乒乓”的声音，于是人们模拟其声将这种游戏叫做“乒乓球”（图1-1~图1-3）。

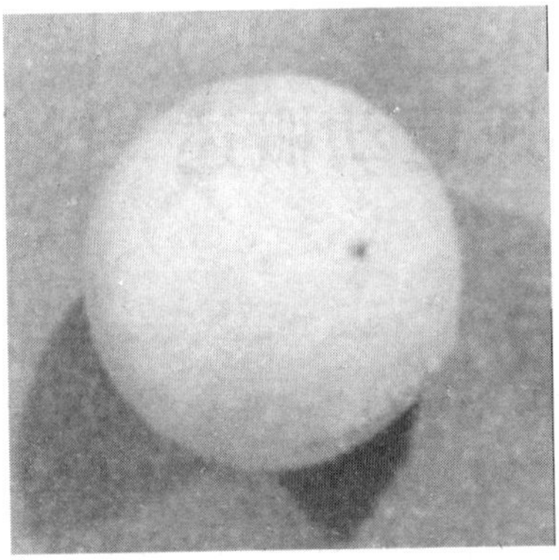

图 1－1

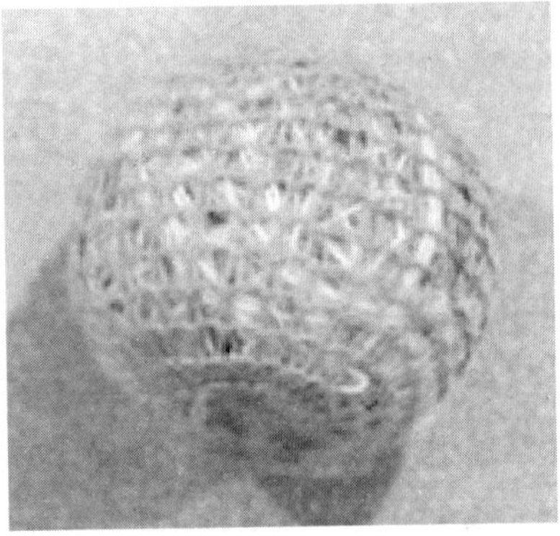

图 1－2

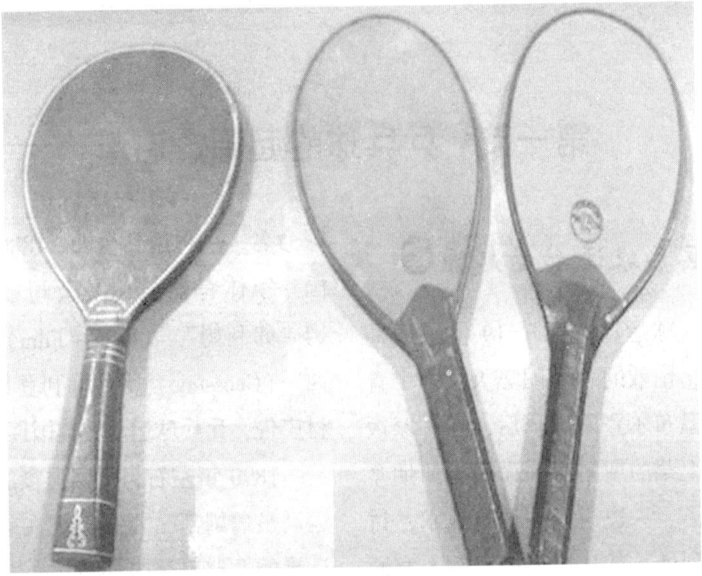

图 1－3

1900 年，英国成立了乒乓球协会。1900 年 12 月，第一次大型乒乓球比赛在英国伦球台敦皇后大厅举行，开创了乒乓球比赛的先河。比赛时，男运动员要穿上浆领子的衬衣和坎肩，女运动员要穿裙子甚至还要戴帽子。

1902 年，在英国游学的日本教授

坪井玄道从英国将乒乓球的整套用具带回日本。由于器材缺乏，日本人用饭桌或制图桌代替球台，用毛巾或书籍堆起来代替球网，用盛饭的木勺子代替球拍，用胶质或丝质的小圆球代替乒乓球。

1904 年，上海四马路文具店的经理王道平，从日本买回 10 套乒乓器材摆设店中，并亲自做打球的表演，以介绍在日本看到的打乒乓球的情况，从此我国开始有了乒乓球活动。

1904～1918 年，乒乓球始终是停留在游戏阶段，方法有 10 分、20 分、50 分或 100 分为一局的，非常随便。发球方法形式多样，既可以把球击到本方台面再落到对方台面，也可以把球直接发到对方台面或规定的地方。

20 世纪 20 年代，举行了多次乒乓球邀请赛，才逐渐引起人们的重视，并开始把这项游戏作为一项体育运动来开展。

二、国际乒乓球联合会

1926 年 12 月，国际乒乓球联合会，简称国际乒联，在英国伦敦成立，总部设在英国东苏塞克斯郡的里斯廷斯，现在总部设在瑞士的洛桑（图 1 －4）。英国的伊沃 · 蒙塔古（图 1 －5）担任国际乒联的第一任主席，享有“多才多艺的国际乒联奠基人”之称。1999 年 8 月，加拿大的阿达姆 · 沙拉拉（图 1 －6）担任国际乒联的第六任主席。

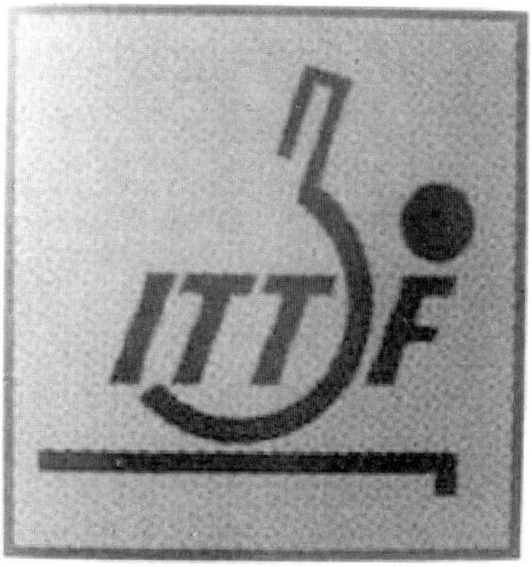

图 1 －4

图 1 －5

图 1－6

中国的徐寅生在 1995 ~ 1999 年担任国际乒联的第五任主席，被誉为“乒坛智多星”。他担任国际乒联主席期间，为乒乓球运动进入奥运会大家庭立下了汗马功劳，并积极推动了 40 毫米大球取代 38 毫米小球（图 1－7；图 1－8）。

图 1－7 徐寅生

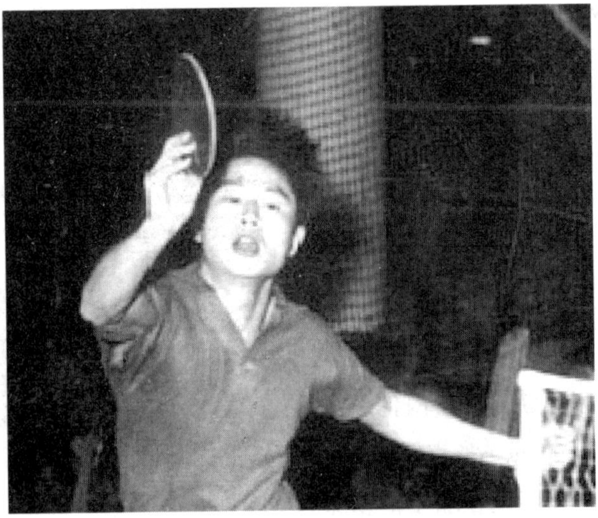

图 1－8 比赛中的徐寅生

国际乒联是由各个国家和地区的乒乓球协会组成的一个国际单项体育组织。主席办公室设在中国北京，行政中心设在英国。它的最高权力机构为全体代表大会。代表大会每两年召开一次，并于同时同地举办世界乒乓球锦标赛。

至2009年，国际乒联已从成立时的9个会员协会发展到186个，成为较大的国际单项体育组织之一。现有186个协会会员，分属国际乒联承认的欧洲乒联、亚洲乒联、非洲乒联和南美洲乒联。中国于1953年3月加入了国际乒联。

国际乒联宗旨是在国际比赛中维护乒乓球规则，并经常对这些规则作一些改变和补充，以扩大和推动乒乓球运动。

三、中国乒乓球协会

1955年，中国乒乓球协会成立，简称中国乒协，总部设在北京（图1－9）。它是具有独立法人资格的全国性群众体育组织，代表我国乒乓球项目活动的最高的社会团体，并且代表中国参加相应的国际乒乓球活动及国际乒联的唯一合法组织。目前，中国乒协的主席是蔡振华（图1－10）。中国乒协会员分为团体会员和个人会员。

图1－9

图1－10 蔡振华

四、世界乒乓球锦标赛

世界乒乓球锦标赛简称世乒赛，是国际乒乓球联合会主办的一项最高水平的世界乒乓球大赛，具有广泛的影响。

1926年12月，在国际乒联正式成立的同时，第1届世界乒乓球锦标赛在英国伦敦举行。当时所设项目包括男子团体、男子单打、男子双打、女子单打和混合双打。

1928 年举行的第 2 届世乒赛增设女子双打比赛，1933 年举行的第 8 届世乒赛又增设了女子团体比赛。

1928—1957 年，世乒赛每年举行一次。此后改为每 2 年一届。自 2003 年第 7 届世乒赛起，单项比赛于奇数年举行，团体赛在偶数年举行。至 2009 年，一共举办了 50 届。

每届世界乒乓球锦标赛比赛地点由国际乒乓球联合会授权比赛地乒乓球协会主办。

第二节　乒乓球运动的发展历史

一、世界乒乓球运动的发展历史

世界乒乓球运动，从 1926 年 12 月第 1 届世界乒乓球锦标赛（简称世乒赛）算起，至今大体可分为以下 6 个时期：

（一）欧洲全盛期（1926—1951）

这一时期共举办 18 届世乒赛，除第 13 届在非洲举行外，余下 17 届均在欧洲举行。每次比赛包括 7 个项目：男子团体、女子团体、男子单打、女子单打，男子双打、女子双打、男女混双。除第 1 届没有女子双打项目，第 1 届至第 7 届没有女子团体项目，第 11 届无女子单打冠军，共产生 117 个冠军。除美国选手获得 8 个冠军，其余 109 个冠军被欧洲选手获得，其中匈牙利选手获得一半的冠军。此时期称为欧洲全盛期。

此时期的打法主要是以削球为主，防守多于进攻，依靠稳削下旋球战胜对手（图 1－11）。该时期的指导思想是力争自己不失误，等待对手失误以获胜，比赛中经常出现“蘑菇球”局面，最后裁判员不得不用掷钱币的方法决定胜负。第 11 届世乒赛女子单打决赛中，美国和奥地利运动员打了 1 小时 45 分钟仍未分出胜负，但队员又不同意掷钱币定胜负，因此该届没有冠军。

（二）日本称雄期（1952—1959）

这一时期共举办 7 届世乒赛。共产生 49 个冠军，日本选手共获得 24

个冠军。在 1959 年第 25 届世乒赛上，日本夺走了 7 个冠军中的 6 个。中国选手荣国团为中国获得第一个乒乓球世界冠军（图 1－12）。

图 1－11

图 1－12 刘少奇与荣国团握手

日本运动员主要采用远台长抽打法，结合快速的步法移动，用上旋打法击败欧洲的下旋削球。同时，日本大胆采用海绵球拍，加快了进攻的速度。

（三）中国崛起期（1961—1969）

这一时期共举办 5 届世乒赛，共产生 35 个冠军。日本选手获得 19 个冠军，中国选手参加了第 26、27、28 届，共获得 11 个冠军（图 1－13；图 1－14）。

图 1－13 第 26 届男子团体赛世界冠军

图 1－14 第 26 届女子单打冠军：丘钟惠

中国运动员主要采用直拍近台快攻打法，技术上保持“快、准、狠、变”的风格，在 1959 年容国团为中国夺得第一个世界冠军的激励下，战胜了欧洲的削球打法以及日本选手的远台长抽加弧圈球打法。

（四）欧洲复兴期（1971—1979）

这一时期共举办 5 届世乒赛，共

产生35个冠军。中国选手获得16个冠军。

这个时期，欧洲选手学习并发展日本的弧圈球技术，吸取中国近台快攻的打法，创造出具有欧洲特色的打法：以弧圈球为主结合快攻（匈牙利）和以快攻为主结合弧圈球（瑞典、波兰、捷克）。

（五）中国称霸期（1981年至今）

这一时期共举办14届世乒赛，共产生96个冠军（第50届世乒赛团体项目的比赛于2010年举行）。中国选手获得79个冠军，其中囊括了第36届、43届、46届、48届、49届的所有比赛项目的冠军以及第50届的所有单项冠军。

1981年第36届世乒赛中国选手包揽7项冠军，创下世界乒乓球历史新纪录。从此，世界乒乓球赛场上逐步形成“中国打世界，世界打中国”的局面。

二、中国乒乓球运动的发展历史

（一）萌芽阶段（1949年以前）

1904年，乒乓球运动从日本传入中国。早期的乒乓球运动在上海、广州、北京、天津等少数大城市开展。1918年，上海成立了全市乒乓球联合会，并于1923年举办了第一届乒乓球对抗赛。同年全国乒乓球联合会在上海成立。1925年3月，中国选手参加由中华队与日本侨联队举行的秋山杯赛，这也是中国选手第一次参加国际乒乓球比赛，中国队以9:2大胜日本。随后各种乒乓球杯赛事在中国展开。1935年，中华全国乒乓球协会成立，发起并组织了新中国成立前的第1届全国乒乓球比赛。1935年1月，国际乒联主席蒙塔古先生曾致电邀请我国加入国际乒联和参加第9届世乒赛，但由于经费不足而未能参加。1948年，第7届全运会上，乒乓球被列入正式比赛项目，但只有男女单打比赛。

（二）发展初始阶段（1949—1957）

1952年10月，北京举行了“第一次全国乒乓球比赛大会”。同时加入了国际乒乓球联合会。1953年，建立了国家乒乓球队，从此代表中国最高技术水平的乒乓球队伍成立了。随后中国乒乓球队参加了第20届世乒赛。在团体赛中，男队被评为第一级第10名，女队被评为第二级第3名。

中国根据中国选手的特点，认真

研究总结，学习国外长处，丰富自己，提高技术。第 23 届世乒赛上，男队被评为第一级第 6 名，女队被评为第一级第 11 名。第 24 届世乒赛上，男队被评为第一级第 4 名，女队被评为第一级第 3 名。名次的不断提升，给中国选手攀登乒乓球高峰极大的信心鼓励。短短 8 年，中国乒乓球队取得很大的进步。

（三）发展成长阶段（1959—1981）

1959 年 4 月 5 日，第 25 届世乒赛男子男单比赛中，容国团为中国夺得第一个世界冠军。当容国团举起刻有“Rong Guotuan China（容国团 中国）”的圣·勃莱德杯那一刻，标志中国没有世界冠军的耻辱历史结束了。（图 1－15）

图 1－15 容国团

在中国共产党和人民政府的重视和关怀下，乒乓球运动迅速发展起来。（图 1－16；图 1－17）

图 1－16 陈云观看乒乓球拍

图1－17 毛泽东、刘少奇、贺龙观看乒乓球运动员表演

1961—1965年，中国男选手连续3届获得世乒赛团体、单打冠军，特别是第28届世乒赛，中国选手共夺得5项冠军。女子乒乓球队在第28届世界锦标赛中首次夺得女子团体世界冠军，取代日本成为世界乒坛的霸主（图1－18）。国际舆论认为中国将是“国际头号乒乓球国家”（图1－18；图1－19）。

图1－18 1962年，毛泽东、周恩来与乒乓球运动员合影

图 1 – 19 自左至右：容国团（教练）、梁丽珍、郑敏之、林慧卿、李赫男

但是，刚处于鼎盛时期的乒乓球运动受到中国无产阶级文化大革命的影响，乒乓球运动受到前所未有的损失。1971 年第 31 届世乒赛，中国选手获得男团、女单、女双、混双 4 个项目的冠军。赛后，美国乒乓球队访华，于是出现国际舆论的“乒乓外交”及“小球推动地球”（图 1 – 20 ~ 图 1 – 22）。

图 1 – 20 美国乒乓球队访华

图 1－21 美国乒乓球队员在长城

图 1－22 周恩来接见美国乒乓球队

1971 年第 31 届世乒赛，中国选手获得女单、女双、混双、男团的冠军。1972 年，中国乒乓球运动员在联合国总部进行乒乓球表演赛（图 1－23）。1973 年第 32 届世乒赛，中国选手获得男单、女单、混双 3 个项目的冠军。1975 年第 33 届世乒赛，中国选手获得男子团体、女子团体两个项目的冠军。1977 年第 34 届世乒赛，中国选手获得男子团体、女子团体、男双、女双 4 个项目的冠军。1979 年第 35 届世乒赛，中国选手获得女子团体、女单、女双、混双 4 个项目的冠军。

图 1－23

（四）发展稳定阶段（1981 年至今）

1981 年第 36 届世乒赛，中国选手夺得全部比赛项目的 7 个冠军和 5 个单项的全部亚军，创造世乒赛历史新纪元（图 1－24）。

图 1－24

到第 50 届世乒赛，中国队共获男子团体冠军 16 个、男子单打冠军

15个、男子双打冠军14个、女子团体冠军17个、女子单打冠军18个、女子双打冠军17.5个（其中0.5个是和朝鲜选手合作）、混合双打冠军17个。在2009年日本横滨举行的第50届世乒赛上，中国队获得男子单打、女子单打、男子双打、女子双打、混双五项冠军，团体赛将于2010年举行（图1－25～图1－29）。

图1－25 王皓

图1－26 张怡宁

图 1－27 王皓、陈玘

图 1－28 郭跃、李晓霞

图 1－29 李平、曹臻

三、乒乓球运动的奥运发展历史

1978 年国际奥委会承认国际乒乓球联合会。1988 年第 24 届汉城奥运会，乒乓球第一次被列为正式比赛项目。1988 年 10 月 1 日，中国选手韦晴光、陈龙灿获得第一枚奥运男双金牌，陈静获得第一枚奥运女单金牌，为国庆节献上一份厚礼（图 1－30，图 1－31）。

图 1－30

图 1－31

奥运会乒乓球设有男子单打、女子单打、男子双打及女子双打 4 个比赛项目。到目前为止，我国选手一共获得 20 枚奥运乒乓球金牌：1988 年汉城奥运会 2 枚、1992 年巴塞罗那奥运会 3 枚、1996 年亚特兰大奥运会 4 枚、2000 年悉尼奥运会 4 枚、2004 年雅典奥运会 3 枚、2008 年北京奥运会 4 枚。

中国乒乓球运动员邓亚萍（1992、1996）、张怡宁（2004、2008）成为奥运会上蝉联乒乓球单打冠军的运动员（图 1－32，图 1－33）。

图 1 - 32 1996 年亚特兰大奥运会邓亚萍在比赛中

图 1 - 33 2008 年北京奥运会张怡宁在比赛中

乒乓球比赛于 1960 年纳入第 1 届残疾人奥林匹克运动会比赛项目。残疾人奥林匹克运动会是由国际奥委会和国际残疾人奥林匹克委员会主办的、专为残疾人举行的世界大型综合性运动会，每四年于夏季奥运会后举办一届，迄今已举办过 13 届（图 1 - 34）。中国选手张小玲参加了 6 届残奥会乒乓球比赛，获得5届女子单打冠军和一届季军（图1－35）。在2004年雅典残奥会上，乒乓球选手任桂香、张岩同时夺得金牌，成为“金牌夫妻”（图1－36；图1－37）。在2008年北京残奥会上，任桂香再次夺得冠军。

图1－34

图1－35 亚特兰大奥运会 张小玲

图 1－36 任桂香

图 1－37 张岩

图 1－38 北京奥运会

知识小百科：乒乓外交

新中国成立后，美国对中国采取封锁、孤立政策，并隔绝两国人民交往。1971年4月4日，美国乒乓球男子选手格伦·科恩在训练馆练球后，没有找到去比赛场地的车，正在着急时，看见带有第31届世界乒乓球锦标赛标志的大轿车开了过来，他连忙招手，轿车停住，科恩跳上车松了一口气。但当他抬起头时，发现车上坐的全是中国乒乓球运动员，于是他独自站在车门口。这时，庄则栋从后排座站起来走到科恩面前，通过翻译和科恩聊起来，并拿出一块中国传统工艺品杭州织锦作为礼品送给科恩（图1－39）。

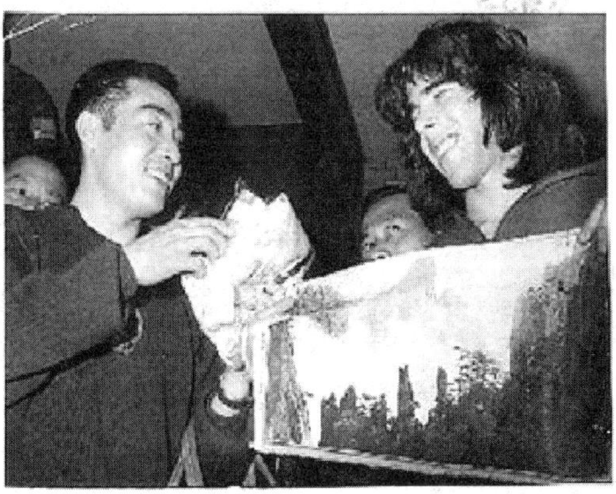

图1－39 庄则栋（左）、科恩（右）

当科恩和庄则栋在体育馆门口同时下车，记者把这一难以置信的场面拍下来，此画面随即成为各大报纸的头版头条新闻。比赛结束后，科恩把庄则栋带到记者接见室，拿出一件睡衣当做回礼。庄则栋接受礼物说："美中虽然没有外交关系，但我很愿意加深个人之间的友好。"中美两国运动员的友好交流在世锦赛上传为佳话，美国队的副领队来到中国队的驻地，问中国队的负责人能否邀请美国队访华。

1971年4月10日，毛泽东主席作出批示，同意邀请美国队访华。4月14日，周恩来总理在人民大会堂接见了美国乒乓球代表团（图1－

40)，同时美国总统尼克松总统发表了有助于改善中美关系的5项具体措施。1972年2月21日，尼克松访华，中美关系终于走向了正常化的道路。中美两国乒乓球队互访轰动了国际舆论，成为举世瞩目的重大事件，被媒体称为“乒乓外交”(图1-41)。

图1-40 周恩来总理接见美国乒乓球代表团

图1-41 1972年，尼克松在中国打乒乓球

第三节　乒乓球运动的特点

一、器材简单，大众参与

乒乓球器材设备简单，室内室外都可以进行，运动量可大可小，不同年龄、性别和身体条件的人都可以参加，很容易被大众接受。球小、速度快、变化多、技巧性强、趣味性高，具有广泛的适应性和较高的锻炼价值，比较容易开展和普及（图1－42～图1－45）。

图1－42

图1－43

图 1－44

图 1－45

二、打法多样，技术繁多

乒乓球项目的打法有快攻、弧圈球和削球之分；球拍有正胶、反胶、长胶、生胶和防弧圈之分。乒乓球运动主要技术包括发球、接发球、推挡球、攻球、搓球、弧圈球、直拍横打、削球技术 8 大类，而且旋转变化的种类也比较多。典型的旋转就有 26 种（基本旋转 6 种，混合旋转 20 种）（图 1－46～图 1－49）。

图 1－46

图 1－47

图 1－48

图 1－49

三、球体轻、球速快，变化多

乒乓球仅 2.5 克重，但它的飞行速度最快可达 24 米/秒，最高转速可达 168 转/秒。在速度和旋转的牵制下，如何准确的击球，对参与者各方面的感觉、反应、控制和调节能力有着极高的要求。乒乓球速度快，变化多，要求练习者在短时间内对瞬息万变的击球有较强反应能力和应变能力（图 1－50，图 1－51）。

图 1－50

图 1－51

四、技能、体能、智能结合的运动

乒乓球运动是以速度、爆发力、灵敏等为主的有氧代谢和非周期性的运动项目。以技术训练为核心，技术战术训练为重点，技术与战术训练紧密结合，没有明确的区分。身体训练以专项素质训练为主。乒乓球运动是技能、体能、智能有机结合、密不可分，高速度、强对抗的比赛项目。

第二章　乒乓球运动基本技战术

在乒乓球运动中获取无穷的乐趣，必须要了解乒乓球的基本知识。本章首先初步介绍乒乓、球拍、握拍方法以及乒乓球运动常用的术语；然后重点介绍乒乓球的基本技术和战术。

第一节　乒乓球运动基础知识

一、乒乓球拍

乒乓球拍的种类较多，性能不一。因此，根据自己的打法特点，选择恰当性能的球拍是有效学习乒乓球技术的第一步（图2－1）。

图2－1 各类乒乓球拍

（一）球拍发展基本概况与种类

在20世纪50年代以前，乒乓球运动主要采用的是木板和胶皮拍。随后为提高击球速度，日本发明了海绵拍，主要是正胶海绵与反胶海绵拍。

随着球拍与胶皮的不断革新，后来又相继产生了生胶海绵拍、长胶海绵拍和防弧海绵拍。正胶海绵拍、生胶海绵拍和长胶海绵拍由于其胶皮的颗粒向外，又将其统称为“颗粒胶皮拍”，主要是根据胶皮上颗粒的长短来具体划分（图2－2）。

图2－2 颗粒胶皮拍

（二）不同种类球拍的性能

1. 普通胶皮拍

普通胶皮拍是在球拍底板上贴一块普通胶皮。弹力均匀，击球稳健，容易控制球，但其弹性差，击球速度慢（图2－3）。

图2－3 普通胶皮拍

2. 反胶海绵拍

反胶海绵拍是将胶皮上有胶粒的一面反贴在海绵上，平的一面向外。反胶海绵拍黏性较大，摩擦力强，主动制造旋转的能力强，但是反弹力较差，回球速度较慢。（图2－4）

图2－4 反胶海绵拍

3. 正胶海绵拍

正胶海绵拍是在木板和胶皮之间夹一层海绵，胶片上有颗粒的一面向外，其颗粒在颗粒胶皮拍中最短。其反弹力较强，回球速度比较快，能制造一定的旋转，但在制造旋转和对球的控制方面不如反胶海绵拍（图2－5）。

图2－5 正胶海绵拍

4. 生胶海绵拍

生胶海绵拍是正胶海绵拍的一种，但胶皮颗粒较大，胶粒和胶皮较硬。其反弹力强，回球速度快。对球的摩擦力较小，球在拍面停留的时间短，球略下沉。但旋转能力较差，击球时主要依靠队员本身的发力（图2－6）。

图2－6 生胶海绵拍

5. 长胶海绵拍

长胶海绵拍也是正胶海绵拍的一种，其胶粒高度长于正胶、生胶海绵拍。胶皮较软，对球的摩擦力极小。击球时，与普通球拍的性能相反，搓下旋球时，回过来的球变成不转球；挡或攻上旋球时，球变成下旋球。长胶本身不制造较强旋转，主要是依靠来球的不同旋转而产生相反的旋转（图2－7）。

图2－7 长胶海绵拍

6. 防弧海绵拍

防弧海绵拍的海绵特别软，弹性较差，可以削弱弧圈球的强烈上旋，增强对弧圈球的控制能力。

二、握拍方法

握拍法是指运动员手握乒乓球拍的方法。握拍法主要包括直握拍法和横握拍法两种，每个人可根据自身不同的技术特点，选择适合自己的握拍法。

（一）直握拍法

直握拍法又叫“钳式握拍法”。根据食指与拇指间的距离，以及打法的要求，还可分为：大钳式、中钳式和小钳式。其中，中钳式是我国传统的直拍近台快攻打法常采用的握拍方法。

动作方法：食指和拇指自然弯曲，食指的第二指关节和拇指的第一指关节分别压在球拍的两肩处，食指与拇指间的距离要适中。中指、无名指、小指自然弯曲，斜形重叠，由中指的第一指关节内侧顶在球拍背面的1/3处（图2－8）。

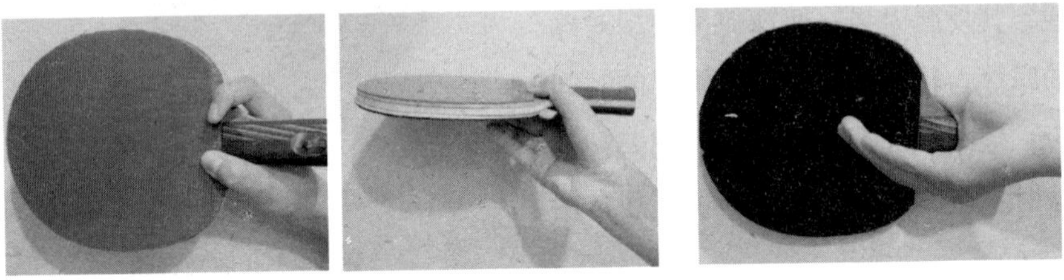

图2－8 直握拍法

（二）横握拍法

横握拍法又称“八字握拍法”。根据打法需要，可以采用深握或者浅握。

动作方法：拇指与食指呈八字形，将虎口压在球拍右上肩，中指、无名指和小指呈握手的姿势自然地握住拍柄，拇指在球拍的正面轻贴于中指旁，食指自然伸直斜贴在球拍的背面。深握时，虎口紧贴球拍；浅握时，虎口轻微贴拍（图2－9）。

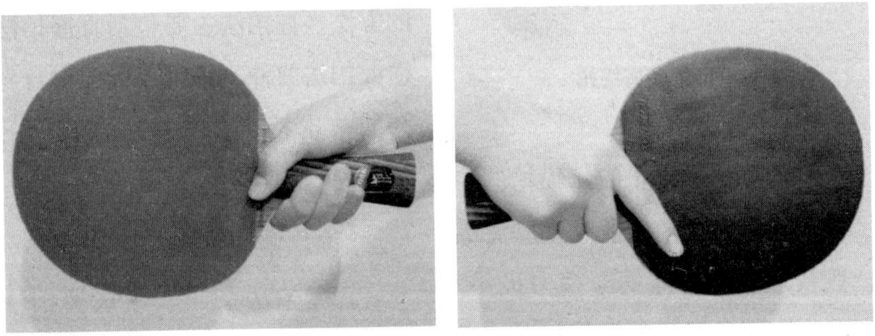

图2－9 横握拍法

（三）两种握拍法的优缺点

1. 直握拍法

优点：正反手都用球拍的同一面击球，相对于横握拍法而言，出手时相对较快，手指与手腕比较灵活，易于调节拍形角度和拍面方向，发球变化多，处理台内球和近身球相对有利。

缺点：防守时，左右照顾面积较小，反手不易发力，回接弧圈球尤其被动。

乒乓球运动员中的直握拍法选手，如图2－10和图2－11。

图2－10 王皓

图2－11 马琳

2. 横握拍法

优点：手指、手掌与球拍的接触面积稍大，故握拍相对稳定，左右的控球范围也较大，反手进攻易于发力，也适于拉弧圈球或由相持转入进攻的情况。

缺点：回接左右两边的来球时，需要转动拍面，因此左右摆速稍慢，中路较弱。此外，正手处理台内球和发球的变化不及直拍。

乒乓球运动员中的横握拍法选手，如图2－12～图2－14。

图2－12 王楠

图2－13 郭跃

图2－14 张怡宁

三、乒乓球常用术语

（一）击球时间

击球时间是指击球时球拍触球瞬间，球体在空间所处的时期。根据来球从着台点反弹跳起至回落到地面的整个过程，可将击球时间分为3个时期：上升期、高点期和下降期（图2－15）。

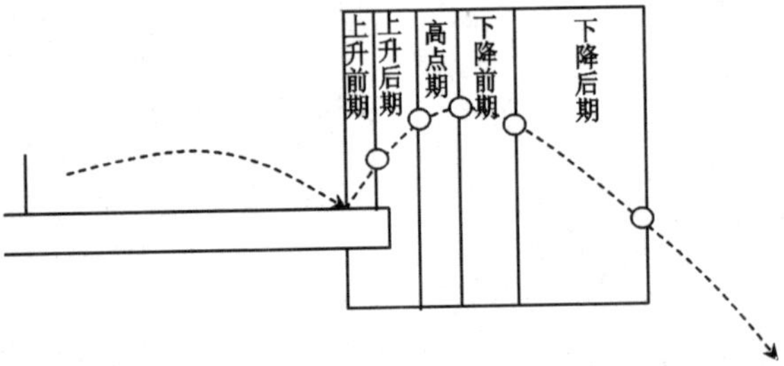

图2－15

1. 上升期：来球从台面反弹上升至接近最高点的这段时间。上升期又可分为上升前期和上升后期。

2. 高点期：弹起的球处于最高点或接近最高点的这段时间。

3. 下降期：球从最高点下降至地面的这段时间。下降又可分为下降前期和下降后期。

（二）击球部位

击球部位是指触球瞬间，球拍击在球体上的位置。以击球员为准，将球首先划分为4个面：前面、后面、左侧面和右侧面；然后，按钟表的一半刻度将以上任何一个面划分为7个部分（图2－16）。

上部：接近12的部位；

上中部：接近1的部位；

中上部：接近2的部位；

中部：接近3的部位；

中下部：接近4的部位；

下中部：接近5的部位；

下部：接近6的部位。

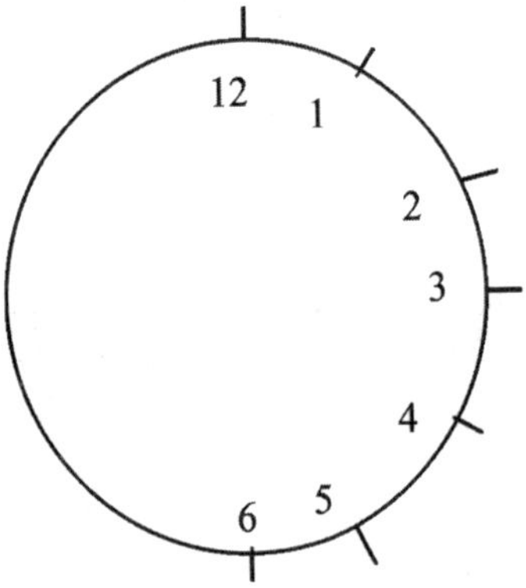

图2－16

（三）触拍部位

触拍部位是指击球瞬间，球体触

及在球拍上面的位置。球拍的击球拍面可划分为上、下、左、右、中等部位（图 2－17）。

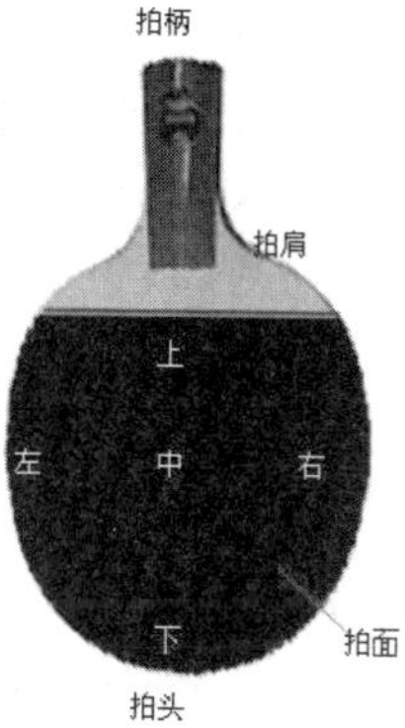

图 2－17

（四）拍面角度

拍面角度是指击球时，拍面与水平面所形成的夹角。当拍面角度大于 90°时，称为“后仰”。当拍面角度小于 90°时，称为“前倾”。击球时的拍面角度，按其击球部位的不同，可以分为：拍面向下，拍面前倾、拍面垂直、拍面稍前倾、拍面稍后仰、拍面向上等（图 2－18）。

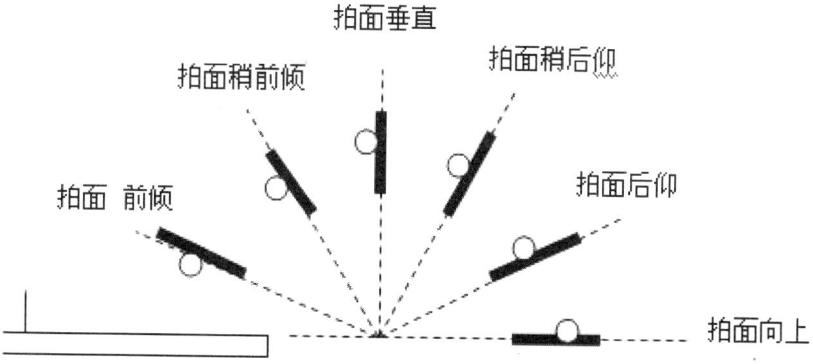

图 2－18

（五）击球路线

击球线路是指击球点与落点之间连线的投影线。在乒乓球台上，有五条基本的击球线路，即右方斜线、右方直线、左方斜线、左方直线和中路直线（图 2－19）。

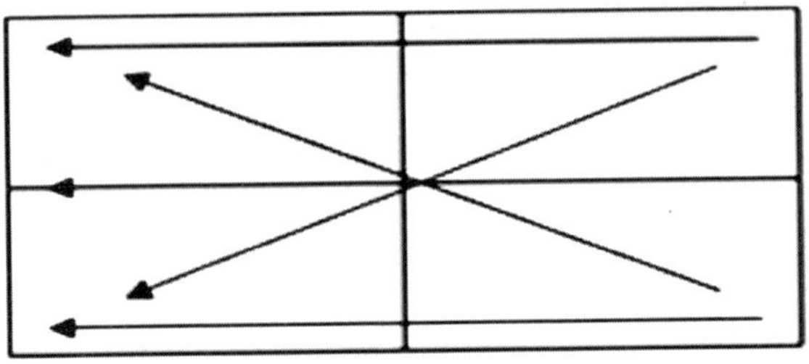

图 2－19

(六) 击球过程的基本结构

乒乓球击球过程由判断、移位、击球、还原四部分构成。

判断主要包括判断来球的路线、旋转的性质与强弱、速度快慢以及落点的远近。从而决定脚步移动的方向和还击方法。移位的主要目的是抢占有利的击球位置，以便有效的击球。击球时主要是根据判断来球，选择击球方法，通过步法移动，进行有效的击球。击球后应迅速还原为击球前的基本姿势和基本站位，为连续击球做准备。

第二节　乒乓球运动基本技术

一、站位与准备姿势

(一) 站位

站位是指运动员与球台之间所处的位置。根据运动员所站立的位置与球台端线之间的距离，可将站位划分为近台、中台、远台、中近台和中远台（图 2－20）。

近　台：距离端线 50 厘米以内的范围。

中　台：距离端线 70 ~ 100 厘米处。

远　台：距离端线 150 厘米以外的范围。

中近台：介于中台与近台之间。

中远台：介于中台与远台之间。

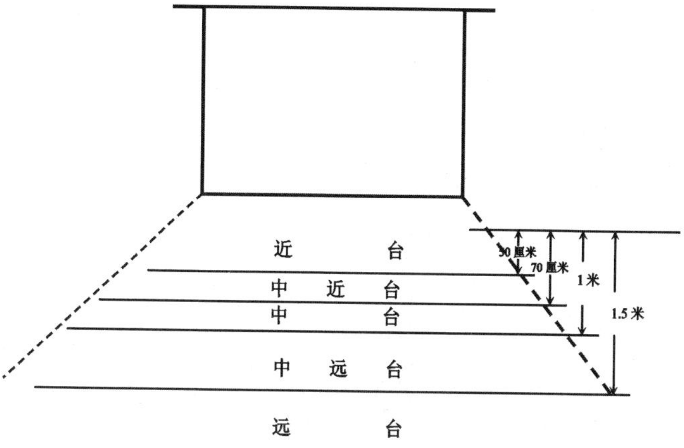

图2－20

不同打法类型的运动员在选择站位时，根据自身特点，选择合适的站位。一般情况下，左推右攻打法和直拍两面攻打法的运动员基本站位选择近台；弧圈球打法和快攻结合弧圈打法类的基本站位选择在中近台；削球型打法的基本站位选择在中远台和远台。根据自身身高和技术特点，可做适当调整。

乒乓球运动员在比赛中准备击球（图2－21）：

图2－21 郭 跃

（二）准备姿势

准备姿势是指击球员在准备击球时身体各部位的姿势。其基本动作要领为：两脚平行站立，略比肩宽，两膝微曲，前脚掌内侧着地，脚跟稍稍提起，重心置于两脚之间。两手自然弯曲置于体侧，前臂、手腕、手指自然放松，球拍呈半横状置于腹前。上体略前倾，含胸收腹，两眼注视来球（图2－22；图2－23）。

图2－22 正面

图2－23 侧面

二、基本步法

步法是指乒乓球运动员为选择合适的击球位置所采用的脚步移动方法。及时有效的步法将决定合理的击球位置与最佳击球时机的获得，从而影响击球的效果。因此，良好的步法是学习乒乓球技术必须具备的重要技术。根据移动范围的大小与击球技术的需要，可以将乒乓球步法主要分为：单步、并步、跨步、跳步、垫步、侧身步、交叉步、小碎步。

（一）单步

单步主要在来球离身体较近的时候采用。

动作要点：以一脚的前脚掌为轴，根据击球需要，另一脚向前、后、左、右任意一方移动一步，身体重心也随之落到移动脚上（图2－24）。

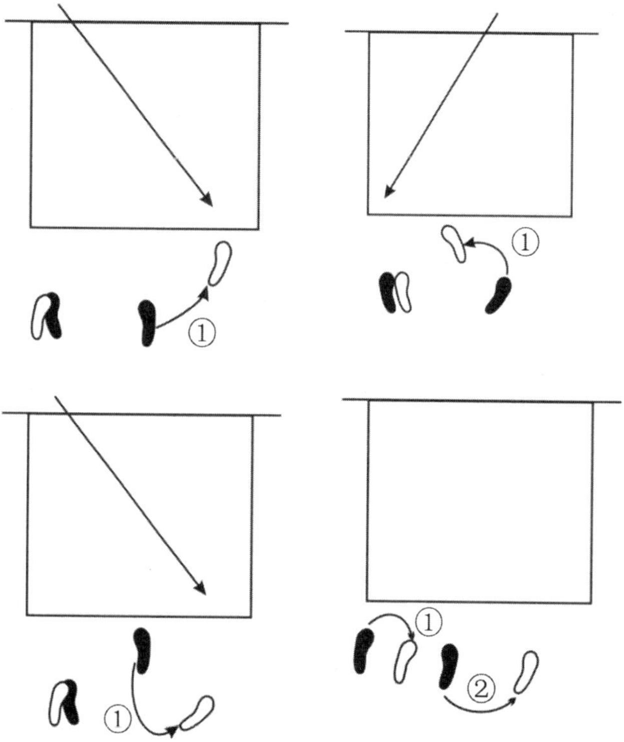

图2－24

（二）并步（滑步）

并步的移动幅度比单步要大，一般进攻型选手或削球型选手在左右移动时常采用。

动作要点：来球异侧方向的脚用力蹬地，向另一脚移半步或一小步；另一只脚在并步落地后随即向来球方向移动（图2－25）。

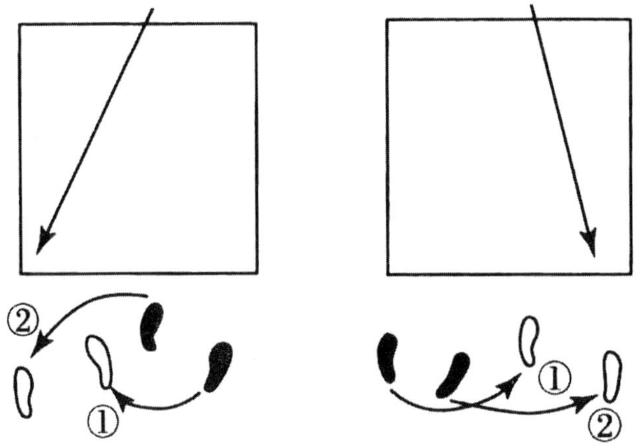

图 2－25

（三）跨步

跨步的移动幅度较大，近台快攻打法在还击正手位大角度来球时常采用。

动作要点：来球方向异侧脚用力蹬地，同方向脚向来球方向侧跨一大步，蹬地脚迅速跟进（图 2－26）。

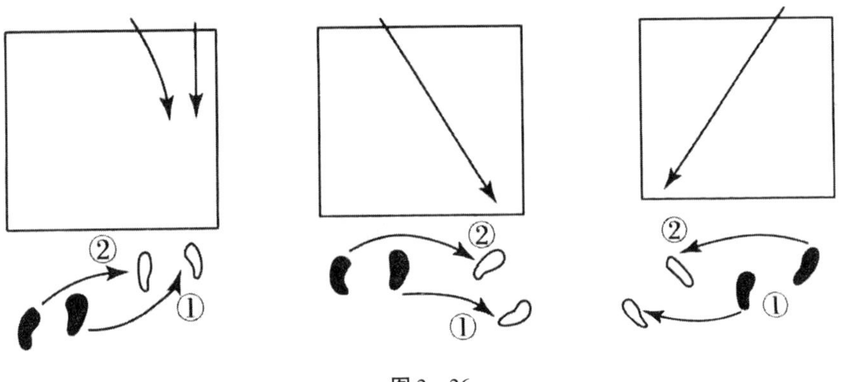

图 2－26

（四）跳步

跳步是弧圈球打法在中台向左、右移动或侧身移动时常用的步法，主要处理速度较快，角度较大的来球。

动作要点：来球异侧方向脚的前脚掌内侧用力蹬地，使两脚同时离地向来球方向跳动（图 2－27）。

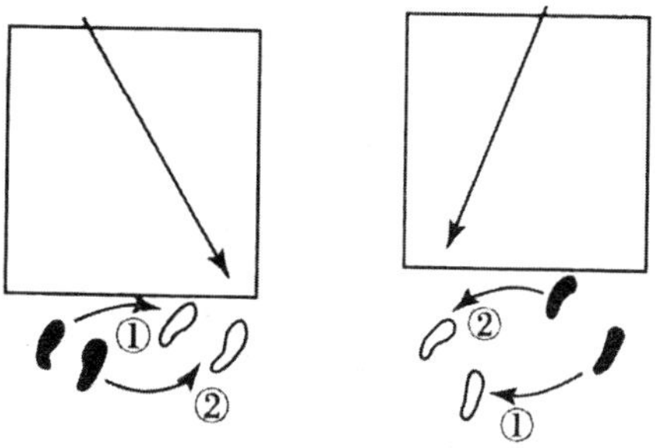

图 2－27

（五）垫步

垫步是主要用于在还原重心或调整脚距时调节击球的一种步法。

动作要点：两脚的前脚掌几乎同时上下轻轻跳一下或踮一下，有时两脚是不离开地面的。

（六）交叉步

交叉步移动的范围比较大，主要用于处理离身体较远的来球。

动作要点：来球同方向脚用力蹬地，异方向脚向来球方向跨出一大步，在体前形成前交叉，然后蹬地脚迅速跟上向前脚移动方向迈出一步，解除交叉。

图 2－28

三、发球与接发球技术

（一）发球

乒乓球的比赛或训练都是从发球开始，发球是乒乓球技术中唯一不受对方来球制约的技术。发球的种类较多，按形式来划分，可分为低抛发球、高抛发球和下蹲式发球；按方位来划分，可分为正手发球、反手发球和侧身发球；按性质来划分，可分为速度类发球、落点类发球、旋转类发球，如侧上、侧下、转与不转、长球、短球等。这里主要介绍几种常用的发球技术。

1. 平击发球

平击发球在发球技术中最简单，较易掌握，是练习者在练习初级阶段较常采用的一种发球。分为正手平击发球和反手平击发球两种：

（1）正手平击发球

动作方法（以右手握拍为例）：站位近台中间偏左处，左手将球抛起，同时右臂内旋使拍面稍前倾，向右后上方引拍，当球下落至略高于球网时，大臂带动前臂向前平行挥动，击球的中上部，使球的第一落点在球台的中段附近（图 2－29）。

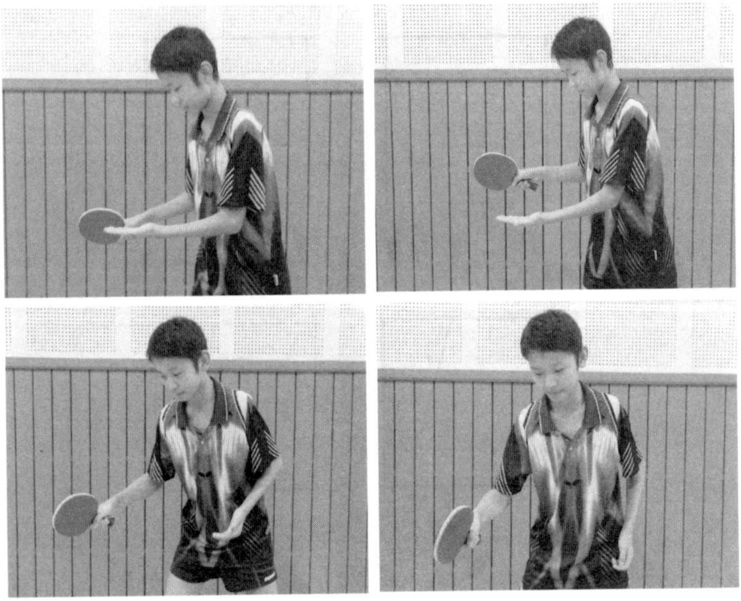

图 2－29

（2）反手平击发球

动作方法（以右手握拍为例）：站位于球台中间偏左处，右脚稍前或平行站立，左手将球抛起至身体左侧前方的同时，右臂外旋使拍面稍前倾，向左后方引拍。当球落至稍高于球网时，挥拍击球的中上部向右前方发力，身体重心由左脚移至右脚，使球的第一落点在球台的中段区域（图2－30）。

图2－30

2. 奔球

奔球是一种具有球速快、落点长、冲力强、弧线低等特点的强烈上旋球，是快攻型打法常采用的发球之一。在比赛中，主要是运用奔球的速度和落点变化干扰对手，伺机抢攻。分为正手发奔球和反手发奔球两种：

（1）正手发奔球

动作方法（以右手握拍为例）：左脚稍前，身体略向右偏转，左手掌心托球置于身体前右侧，左手将球抛起，同时右臂内旋使拍面稍前倾，向右后上方引拍。当球落至网高时，腰由右向左转动，以肘关节为轴，上臂带动前臂由右后方向左前方挥臂，触球瞬间运用手腕的弹击力量，使球第一落点靠近本方球台的端线（图2－31）。

图 2－31

（2）反手发奔球

动作方法（以右手握拍为例）：右脚稍前，身体略向左转，左手将球抛起的同时，右臂外旋使拍面稍前倾，向左后上方引拍。当球落至网高时，以肘关节为轴，上臂带动前臂由左后方向右前方挥动，拍面稍前倾，触球一瞬间摩擦球的左侧中上部（图 2－32）。

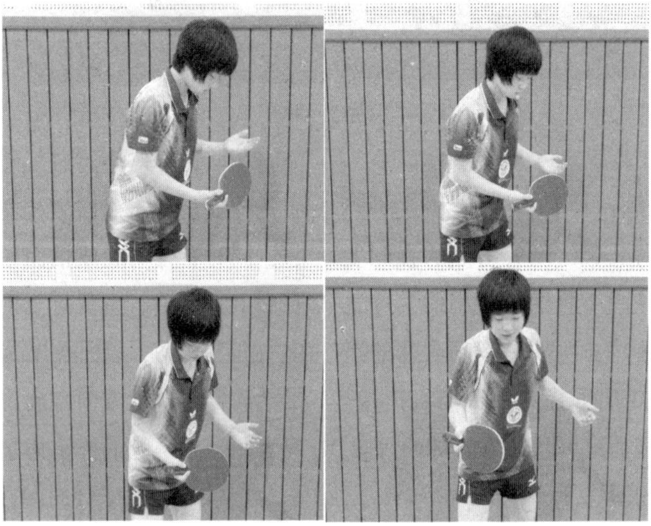

图 2－32

3. 转球和发不转球

转球与不转球是指发球员用相似的动作发出旋转强弱差异较大的球。其特点是球速较慢，前冲力小，主要通过转与不转的配套使用，以旋转变化来迷惑对手，造成对方接发球失误或为自己抢攻创造机会。

（1）正手发转球和正手发不转球

正手发转球动作方法（图 2－33）和正手发不转球动作方法（图 2－34）相同点、不同点（以右手握拍为例）。

相同点：左脚稍前，站在球台的左侧，身体右转，侧对球台，抛球的同时，执拍手向后上方引拍带动腰向右转，拍面后仰，手腕适当外展，手臂放松。当球落至网高时，前臂加速向左前下方发力，球拍由后上向前下摩擦球的后中下部（推击球的中下部）。

不同点：正手发转球时，用球拍的下半部摩擦球的中下部，拇指、食指、手腕在触球瞬间加强爆发力，尽量让球拍吃住球。正手发不转球时，用球拍的中上部碰击球的中下部，击球瞬间减小拍面后仰角度，增加前推的力量。

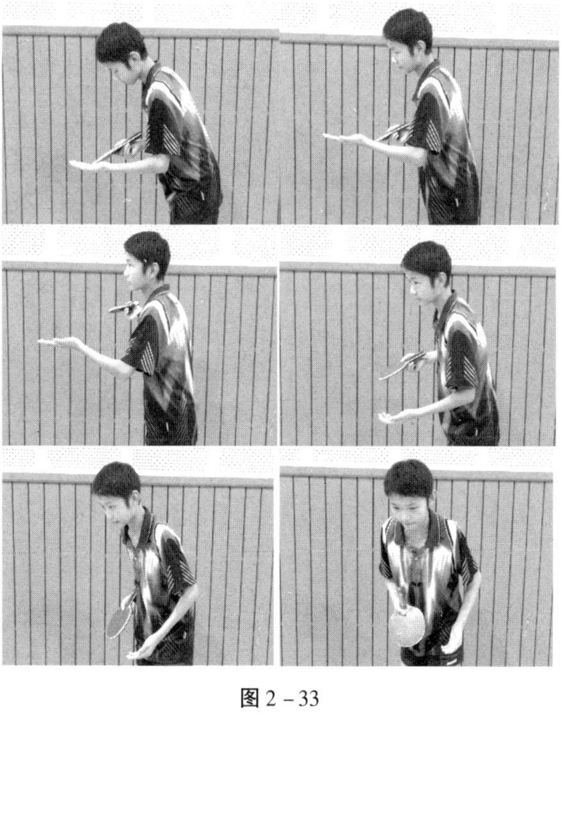

图 2－33

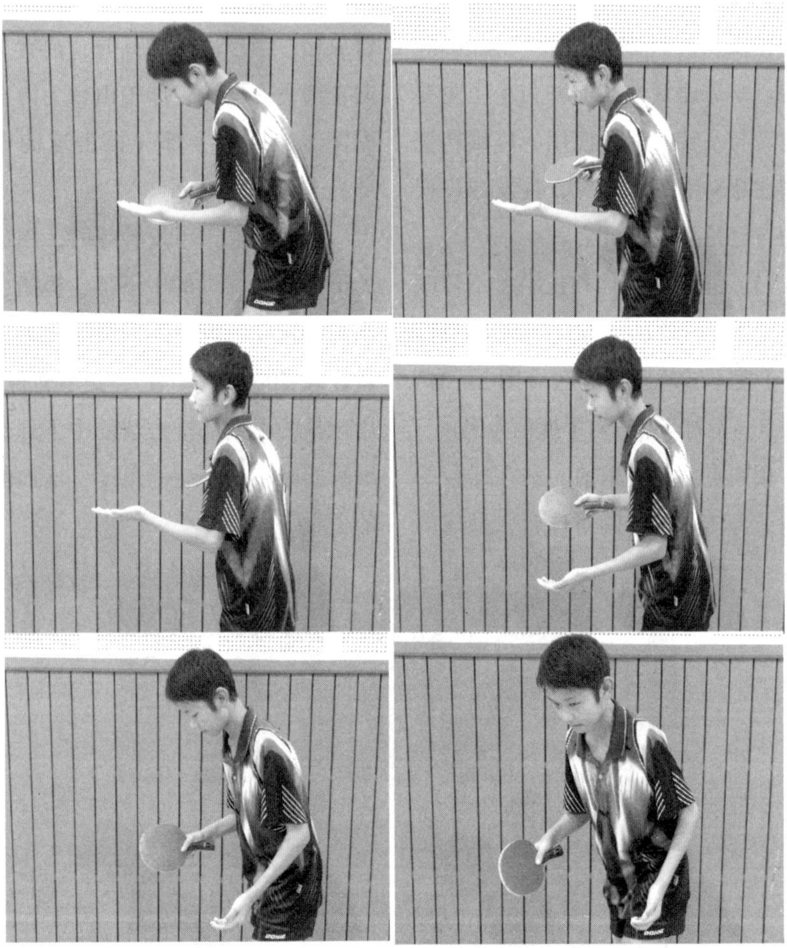

图 2－34

（2）反手发转球和反手发不转球

反手发转球动作方法（图 2－35）和反手发不转球动作方法（图2－36）相同点、不同点（以右手握拍为例）。

相同点：右脚稍前或两脚平行，抛球的同时，执拍手向后上方引拍，拍面后仰，同时身体向左侧适当转动，以便于发力。

不同点：反手发转球时，用球拍的前半部摩擦球的后中下部，在触球瞬间手腕用力摩擦球。反手发不转球时，用球拍的后半部去碰击球的中部，手腕和前臂向前送球，增加前推的力量。

图 2－35

图 2－36

4. 侧旋球

侧旋球主要包括正手左侧旋球和反手右侧旋球两大类，在此基础上配合上、下旋球。正手左侧旋球飞行弧线向对方左侧偏拐，对方用平挡回击也向左侧上（下）反弹。反手右侧旋球飞行弧线向对方右侧偏拐，对方用平挡回击也向右侧上（下）反弹。

（1）正手发左侧（下、上）旋球

动作方法（以右手握拍为例）：左脚稍前，右脚在侧后，左手将球向上抛起，同时右臂外旋向右上方引拍，身体随之向右转动，球拍稍后仰，手腕外展。当球下降至近网高时，手臂自右上方向左下方挥摆，触球瞬间加大前臂、手腕的爆发力，身体重心由右脚移至左脚。

若正手发左侧上旋球时，球拍则从球的右侧中下部向左侧面摩擦，并微微勾手腕以加强上旋（图2－37）。

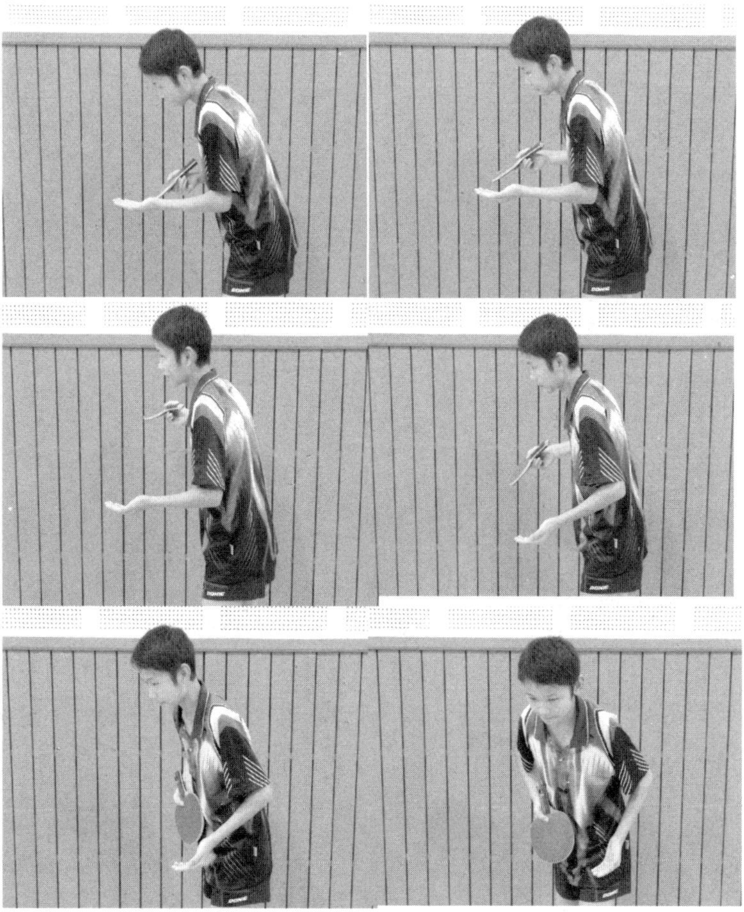

图2－37

若正手发左侧下旋球时，手臂则自右上方向左前下方挥摆，球拍从球的右侧中下部向左侧下部摩擦，腰配合向左转动（图2－38）。

图2－38

（2）反手发右侧（下、上）旋球

动作方法（以右手握拍为例）：右脚稍前，左手将球向上抛起的同时，左后方引拍，腰略向左转，拍面稍后仰，手腕适当内旋，当球下降至近网高时，手臂自左上方向右下方挥摆。触球瞬间加大小臂、手腕的爆发力，同时注意配合转体动作，使腰、臂协调用力。

若反手发右侧上旋球，触球时拍面则从球的中下部向左侧上部摩擦

（图 2－39）。

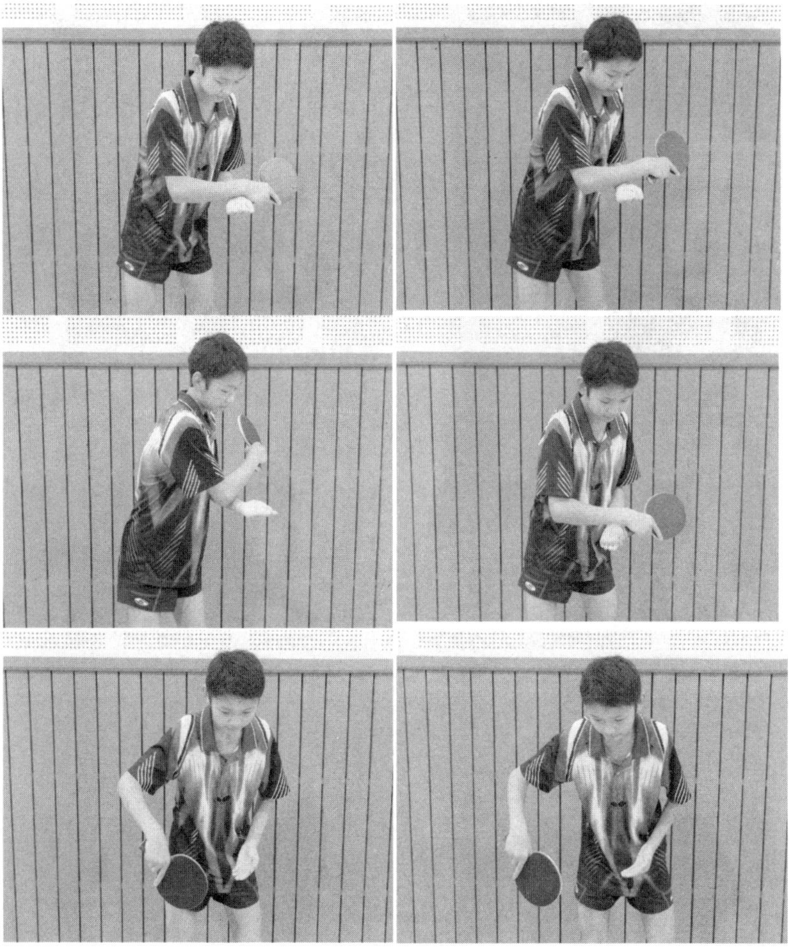

图 2－39

若反手发右侧下旋球，触球时拍面则从球的左侧中下部向右侧摩擦。

5．下蹲发球

下蹲发球是指发球者在发球时采用下蹲姿势进行发球。多用于横拍运动员，主要分为右侧上（下）旋球和利用球拍反面发球的左侧上（下）旋球两大类。

乒乓球运动员在比赛中的下蹲发球，如图 2－40。

图 2－40 丁宁

下蹲发球技术动作方法（以右手握拍为例）：左脚稍前，右脚稍后，身体略向右偏斜，球向后上方抛起，将球拍上举至肩高。同时两膝弯曲成深蹲状，当球下降至头部高度时，执拍手迅速由上向下挥摆，手腕放松，挥拍路线呈半圆形。

若发右侧上旋球，执拍手则由左向右下挥摆，拍面触球的左中部并向右侧上部摩擦。若发右侧下旋球时，执拍手则由左向右下挥摆，拍面从球的正中部向右侧下部摩擦。这两种发球击球后球越过网，触及对方台面后，向对方左边偏斜前进（图 2－41）。

图 2－41

若发左侧上旋球时，执拍手则由右后方向左前方挥摆，拍面触球的右中部并向左侧上方摩擦。若发左侧下旋球时，执拍手则由右后方向左前方挥摆，拍面从球的正中部向左侧下部摩擦。这两种发球击球后球越过网，触及对方台面后，向对方的右边偏斜前进（图 2－42）。

图 2－42

6. 高抛发球

高抛发球技术具有隐蔽性强、变化多等特点。继我国乒乓球选手许绍发在第 32 届世乒赛上率先使用该技术之后，高抛发球技术很快风靡世界乒坛。目前，世界各国选手都会使用这一技术。

乒乓球运动员在比赛中的高抛发球，如图 2－43。

图 2－43 陈玘

动作方法（以右手握拍为例）：抛球手的肘部贴近身体左侧，平稳地将球垂直抛起，使球在身体的右侧前方降落。当球下降至头部高度时，借助转腰和蹬地的力量，执拍手由右上方向左下方挥动。由于抛球高度大幅度提高，球体下落时的速度骤增，具有球速快、旋转强、时间差明显等特点。此外，还应注意击球点的选择不要离身体过远。根据所发球的旋转不同，球拍摩擦球的部位也有所不同（图 2－44）。

图 2－44

（二）接发球

在乒乓球比赛中，相对其他的环节，接发球的难度最大。它完全受发球者的控制，而接发球方对发球者在技术上没有任何限制的方法，大大增加了接发球的不可预测性。所以，提高接发球能力，不但可以直接得分，还可破坏对方的抢攻，为自己创造进攻机会，是迅速提高比赛实践能力的关键。具体技术上的操作如下：

1．判断

正确的判断是接好发球的首要环节，因此对来球的旋转、速度和落点进行判断是关键。

（1）对旋转的判断

首先，动作轨迹，即击球时手臂和手腕运动的方向。一般情况下，发侧下旋和下旋球时，手腕抖动相对于不转球和上旋球大一点，以加大球拍对球的摩擦。

其次，通过对对方触球瞬间的拍形、触球的部位以及触拍部位来判断球的旋转。通过拍形可以判断旋转的性质，一般情况下，发上旋球时，板形都比较竖，发下旋球时比较平、斜。通过球拍触及球的部位可以判断旋转的性质，一般发上旋或不转球时，触及球的后中部，发下旋或侧下时，向中下部和底部摩擦球。通过球触及球拍的部位可以判断旋转的性质强弱，一般在发下旋球时，球在球拍上滚动的越久越容易“吃”住球，球的旋转越强。

再次，根据球的弧线和速度来判断。上旋球和不转球的运行速度一般较快，常有往前“窜拱”的感觉，下旋球运行比较平稳，有“飘悠”、快速下沉的感觉。球越“飘”，球越转。

最后，还可以通过球上商标的转动，判断球旋转的强弱。

（2）对速度和落点的判断

对长球的判断：一般情况下，发球者如果想把球发得很长，第一落点多在本方台面的端线附近。如果是发侧旋长球，要注意球的第二弧线有侧拐的特点。

对短球的判断：由于发球者想要把球发短，动作幅度不能过大，主要靠手腕快速摩擦，第一落点一般距离球网较近，可根据这一特点判断来球的长短。在接短球时，要注意不要过早地伸入台内。

2．回接各种发球的方法

接发球的方法很多，它是由点、拨、推、拉、搓、削、摆短、撇侧旋、挑等多种综合性技术组成的。分为：搓接（如摆短、搓长、晃撇）、挑接、拉接、攻打等技术。

乒乓球运动员在比赛中的接发球，如图2－45和图2－46。

图 2－45 张怡宁

图 2－46 郭跃/王励勤

图 2－47 柳承敏（韩国）

图 2－48 马琳

四、推挡球技术

推挡技术是乒乓球技术中最基本的一项技术，也是我国左推右攻打法运动员的主要技术之一。下面分别介绍几种常用的推挡技术。

乒乓球运动员在比赛中运用推挡球技术，如图 2－47 和图 2－48。

（一）平挡球

动作方法（以右手握直拍为例）：左脚稍前或两脚平行站立，站位于近台。手臂自然弯曲，前臂与台面近似平行，将球拍呈半横状置于腹前，球拍约与台面垂直，在来球上升期借助来球的反弹力击球的中部将球击回。击球后，迅速还原成击球前的准备姿势（图 2－49）。

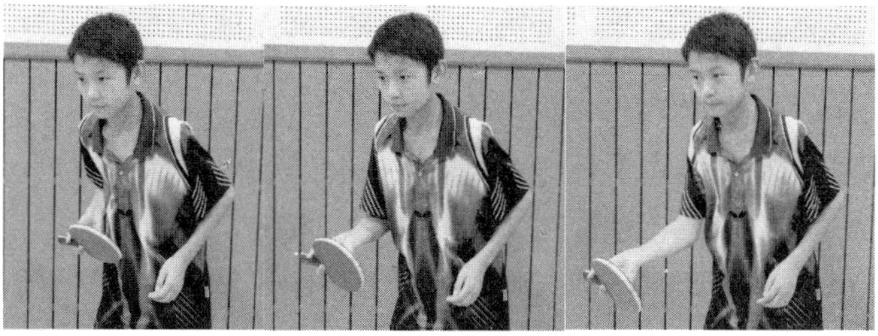

图 2－49

（二）快推

左脚稍前，手臂自然弯曲并外旋，靠于身体右侧，食指用力，拇指放松，将球拍呈半横状置于腹前，拍面略前倾。在来球的上升期，以肘关节发力，前臂贴着身体向前推出，击球的后中上部。手臂运动的距离要短，速度要快，击球后迅速还原成击球前的准备姿势。

（三）加力推

动作方法（以右手反手加力推为例）：左脚稍前，手臂自然弯曲并外旋，靠于身体右侧，食指用力，拇指放松，将球拍呈半横状置于腹前，拍面略前倾。在来球的上升期或高点期，前臂提起，上臂后收，肘部适当贴近身体。以肘关节发力，前臂贴着身体向前推出，前臂和手腕加速向前下方推压，击球的后中上部。击球后，迅速还原成击球前的准备姿势（图 2－50）。

图 2－50

（四）减力挡

左脚稍前或两脚平行，当球刚弹起时，身体略向前迎球。引拍时，手臂外旋，前臂稍上提，拍面稍前倾，拍触球瞬间手臂和手腕稍向后收，缓冲来球的反弹力。击球后，手臂和手腕继续向后随势回收，并迅速还原成准备姿势。

（五）反手快拨

乒乓球运动员在比赛中的反手快拨，如图2－51。

图2－51 王励勤

动作方法（以右手握拍为例）：两脚平行，与肩同宽，引拍到腹前稍左的位置，肘关节外展并略微下沉，手腕稍内扣，拍面稍前倾，在来球上升期，前臂由后下向前上发力，击球的中上部，击球瞬间，手腕略微发力。击球后，迅速还原成准备姿势（图2－52）。

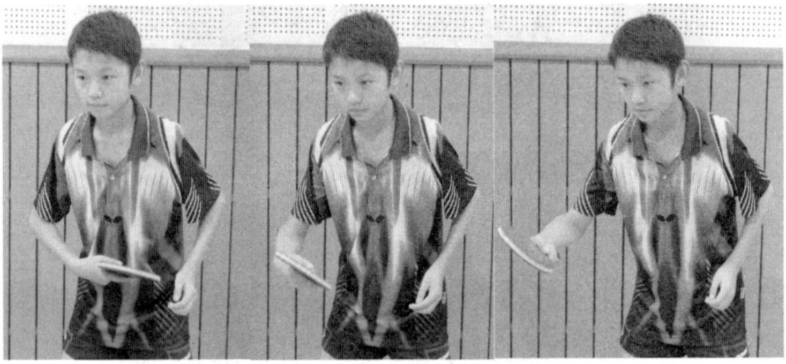

图2－52

五、攻球技术

攻球可分为正手攻球、反手攻球和侧身攻球三大部分。在每一部分技术中又分为快攻、快点、快拉、快带、突击、扣杀、中远台攻球、杀高球、放高球、滑板球等各种技术。下面介绍攻球的主要技术：

乒乓球运动员在比赛中的攻球技术（如图2－53和图2－54）。

图2－53 丁宁

图2－54 王皓

（一）正手快攻

动作方法（以直拍右手握拍为例）：左脚稍前，重心于两脚间。准备击球时，在腰的带动下，转腰将球拍引至体侧，重心移至右脚，拍形稍前倾呈半横状，前臂略内旋，拇指用力，食指放松。来球的上升期，在腰的带动下，前臂成半弧形往左前上方挥出，击球的后中上部，身体重心由右脚移至左脚。击球后，随势挥拍至额前，并迅速还原（图2－55）。

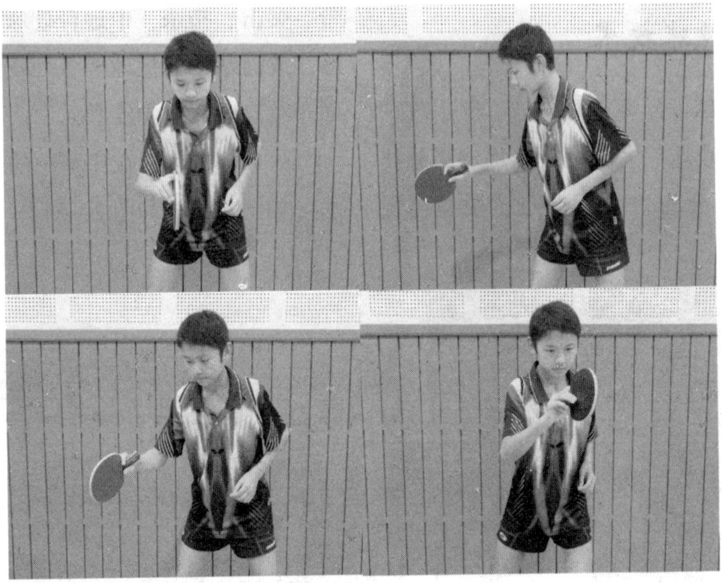

图 2－55

若是左手握拍，则将直拍右手握拍的动作要领中的技术左、右互换，如图 2－56。

图 2－56 直拍正手快攻

若是横拍正手快攻，动作方法同直拍快攻，仅握拍方式不同（图 2－57 和图 2－58）。

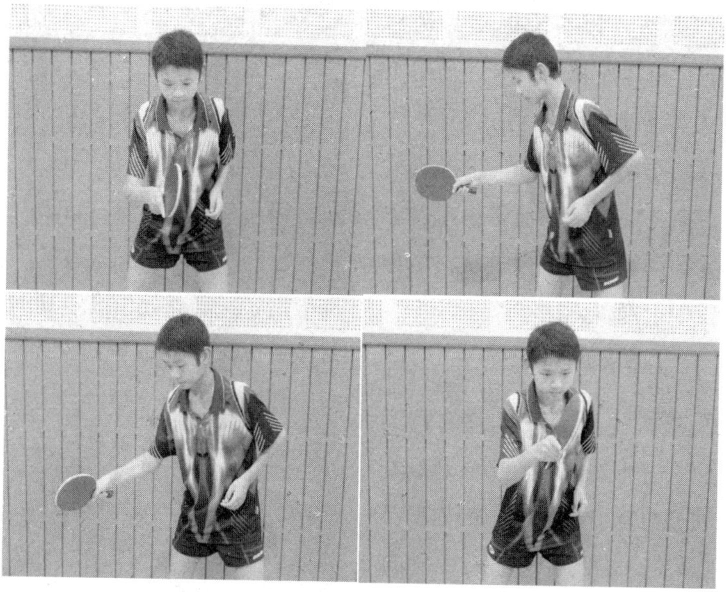

图 2－57

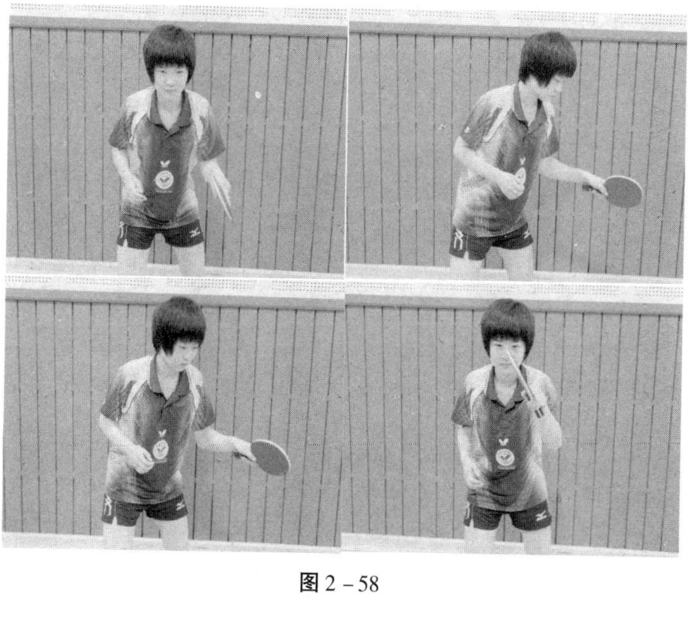

图 2－58

（二）反手快攻

（Backhand Fast Attack）

动作方法（以右手握拍为例）：右脚稍前，身体左转，右肩前顶略下沉，肘关节靠近身体，引拍至左侧方，并略高于来球。在来球的上升后期或高点期，上臂带动前臂由左后方向右前方挥动，手腕配合外旋，击球的中部或中上部。

（三）正手突击

动作方法（以右手握拍为例）：站位近台，左脚稍前，腰向右转，在腰的带动下前臂引拍至身体的右前方（拍形视球旋力的强弱而定）。在来球比网稍高时，上臂带动前臂加速向前上方发力，在来球的高点期击球的中下部（来球为下旋球）或中上部（来球为上旋球）。击球后迅速还原成准备姿势。

（四）正手扣杀

动作方法（以右手握拍为例）：左脚稍前，腰和髋向右转动并带动手臂向体侧后上方引拍，球拍前倾，并呈半横状。当球处于高点期时，上臂带动前臂由后向前下方发力挥动，同时腰和髋转动配合发力，击球的中上部。站位根据对方来球的落点长短调整。来球落点靠近球网时，站位近台；来球落点靠近端线时，站位中远台（图 2－59）。

图 2－59

（五）正手杀高球

动作方法（以右手握拍为例）：站位远台或中远台，随着腰和髋向右转动，手臂尽量向身体右后上方引拍，增大球拍与来球的距离，拍面前倾。击球时，手臂加速向左前下方挥动，腰、髋、腿同时配合发力，击球的中上部。若在来球上升期击球叫“快杀”；若在来球下降期击求叫“慢杀”。击球后，迅速调整身体重心，立即还原（图2－60）。

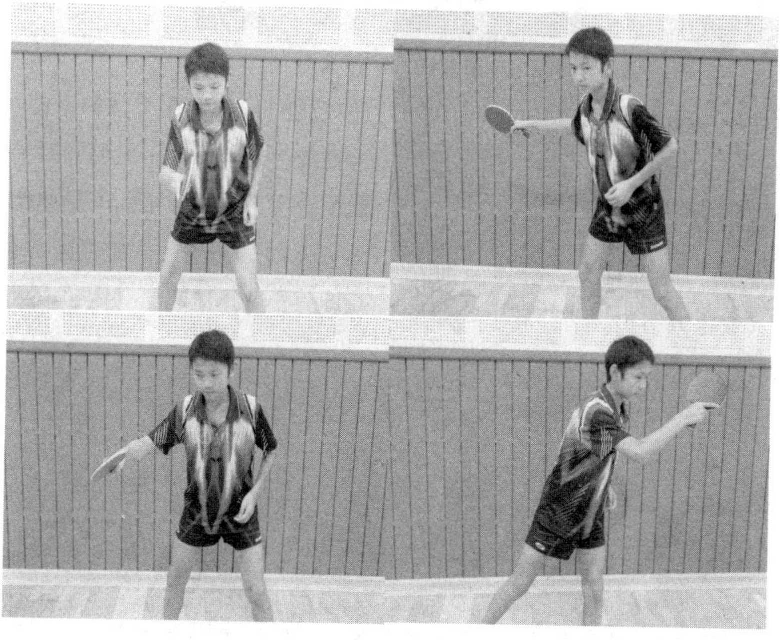

图2－60

六、搓球技术

搓球是近台还击下旋球的一种基本技术，也是初学削球必须掌握的入门技术。按搓球的时间不同，分为慢搓和快搓；按搓球的旋转性能不同，分为搓转与不转、搓侧旋球；按搓球的落点不同，分为搓长球和搓短球等。

乒乓球运动员在比赛中的搓球，如图2－61。

图 2－61 陈玘/马琳

（一）慢搓

1．正手慢搓

动作方法（以左手握拍为例）：左脚稍前，站位近台，身体略向左转，向左上方引拍。前臂和手腕外旋使拍面稍后仰。在来球的下降前期，前臂加速向前下方用力的同时手腕内旋配合用力，用球拍的下半部摩擦球的中下部。击球后，前臂随势前送，立即放松并迅速还原（图 2－62）。

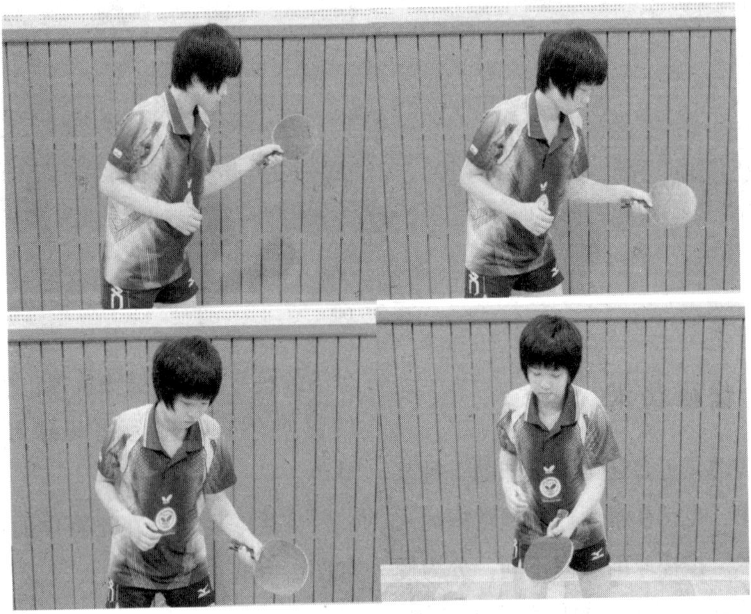

图 2－62

2. 反手慢搓

动作方法（以左手握拍为例）：右脚稍前，站位近台，准备击球时将球拍引至身体腹前，前臂和手腕内旋，拍面后仰。在来球下降前期，前臂加速向前下方用力的同时手腕外展配合用力，用球拍的下半部摩擦球的中下部。击球后，前臂随势前送，立即放松并迅速还原（图2－63）。

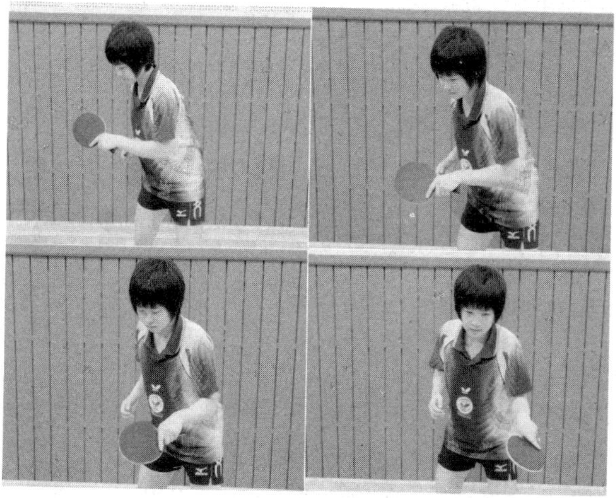

图2－63

（二）快搓

正、反手快搓技术动作方法与正、反手慢搓技术动作方法基本一样。只是快搓技术引拍与击球时动作稍小，击球时机稍早，为上升期，用力相对快速集中。

（三）搓转与不转

搓加转球与不转球主要取决于作用力线是远离球心还是接近球心。

在搓加转球时，加大引拍距离和拍面后仰角度，前臂、手腕加速向前下方用力切球，触球时用球拍的下半部摩擦球薄一些。

在搓不转球时，缩短击球距离，减小拍面后仰角度，用球拍的上半部和中部碰撞球，使击球的作用力线接近球心。

七、弧圈球技术

弧圈球是一种将力量、速度和旋转结合为一体的进攻性技术，是比赛中的主要得分手段。根据弧圈球技术的旋转特征可分为：加转弧圈球、前冲弧圈球和侧旋弧圈球。下面主要介绍加转弧圈球和前冲弧圈球。

乒乓球运动员在比赛中准备拉弧圈球，如图 2－64。

图 2－64

（一）加转弧圈球

1. 正手拉加转弧圈球

动作方法（以右手握拍为例）：左脚在前，两脚距离稍宽。腰髋右转的同时，沉肩，手臂自然下垂引拍至身体右后下方，重心顺势移至右脚，拍面稍前倾。准备击球时，右脚蹬地，身体向左侧转动，大臂带动前臂向前上方挥动。在来球的下降前期，击球的中部或后中上部，摩擦球的瞬间迅速收缩前臂，手腕配合发力，加大对球的摩擦。击球后，随势挥拍至头顶，重心移至左脚，并迅速还原（图 2－65）。

图 2－65

2. 反手拉加转弧圈球

动作方法（以右手握拍为例）：两脚平行或右脚稍前，重心在两脚间。腰略向左转，沉肩，将球拍引至腹前下方，重心移至左脚，腹部内收，肘关节稍向前顶出，手腕内旋，拍面稍前倾。准备击球时，左腿用力向上蹬伸，大臂往右侧发力拉，前臂以肘关节为轴快速向右前上方挥动，在来球的下降前期用力摩擦球的中上部。击球后，随势挥拍并迅速还原（图2－66）。

图2－66

（二）前冲弧圈球

拉前冲弧圈球与拉加转弧圈球动作方法基本一致。相较于加转弧圈球，拉前冲弧圈球时，引拍稍高。击球时，在上升后期或高点期摩擦球的中上部。用力方向向前多一点，撞击多一些（图2－67，图2－68）。

图 2－67 正手拉前冲弧圈球

图 2－68 反手拉前冲弧圈球

八、直拍横打技术

为弥补直拍反手位的不足，在乒乓球技术的不断革新中，发明了直拍横打技术，为快攻打法拓宽了球路。主要包括直拍反面快拨、弹打、拉弧圈等技术。

乒乓球运动员直拍横打代表性人物，如图 2－69。

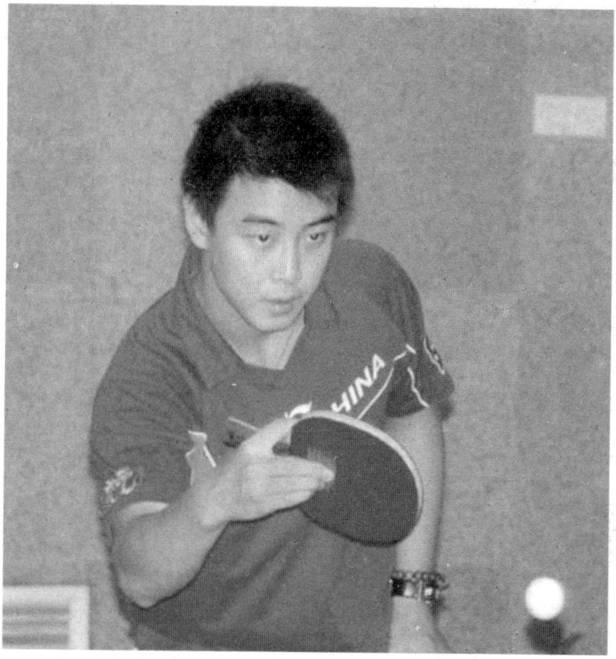

图 2－69 王皓

（一）直拍反面快拨

动作方法（以左手握拍为例）：站位近台，两脚距离稍宽，腰略向右转，自然引拍于右后上方，肘关节稍前顶，前臂外旋，手腕稍内屈，拇指和中指发力，食指自然放松，拍形稍前倾。在来球的上升期击球的中上部，向前方挥动。击球后，手臂随势前送，然后迅速还原成准备姿势（图 2－70）。

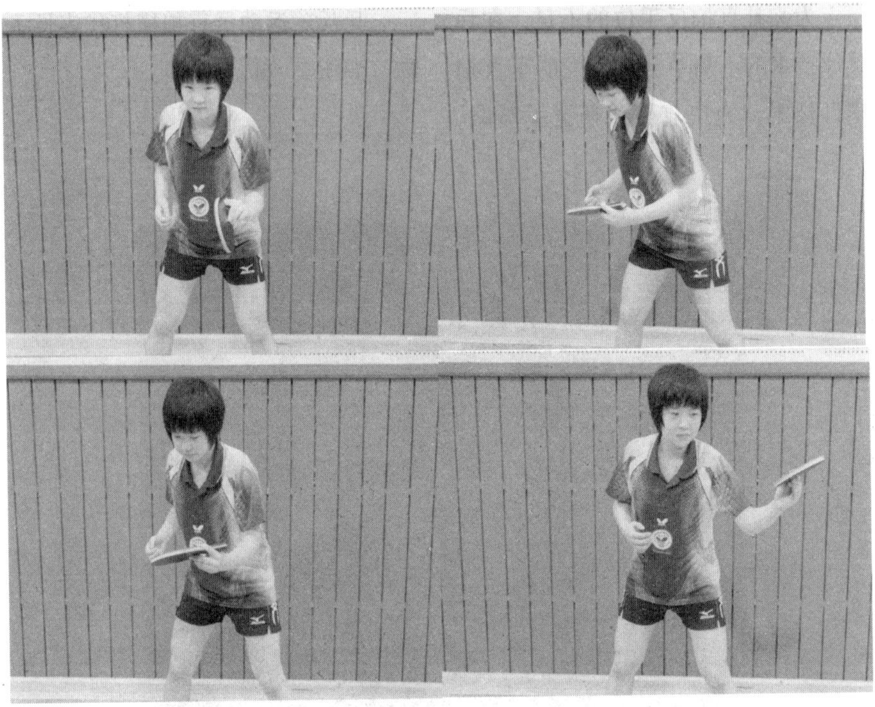

图 2－70

（二）直拍反面弹打

动作方法（以左手握拍为例）：站位近台，两脚距离稍宽，上臂抬起，身体重心略高一点，腰略向右转，引拍至右侧，肘关节稍前顶，前臂外旋、手腕稍内屈，身体前迎。在来球的上升后期或高点期击球的中上部，触球瞬间发力短促，以撞击为主，向前下方用力弹压。击球后，手臂随势前送的动作不宜过大，并迅速还原（图 2－71）。

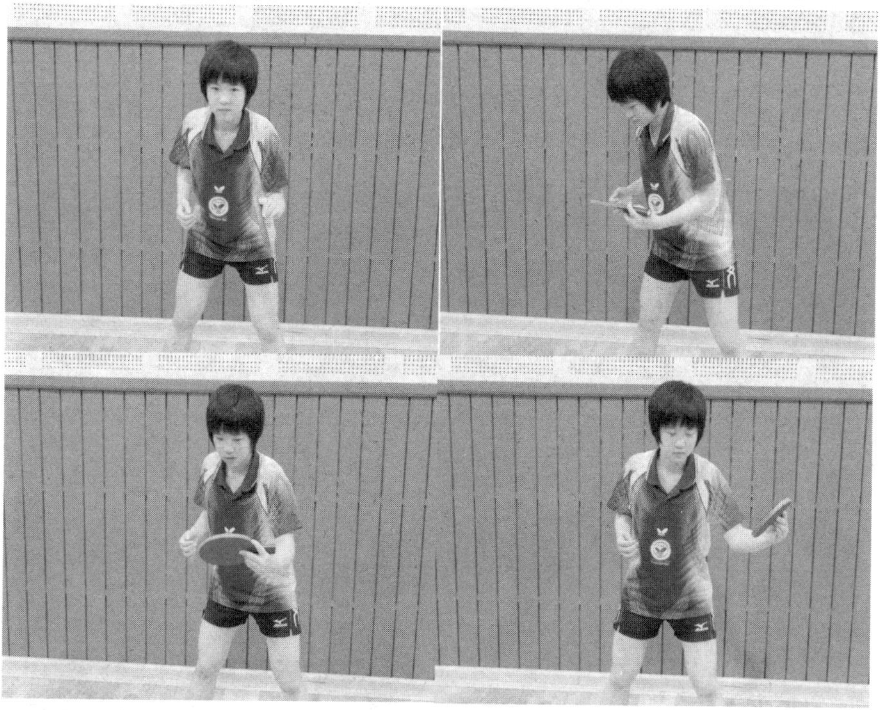

图 2－71

（三）直拍反面拉弧圈球

动作方法（以左手握拍为例）：两脚开立略比肩宽，重心在两脚间。腰略向右转，手臂下沉引拍至腹前下方，重心移至右脚，前臂外旋，手腕稍内屈，拇指压拍，食指放松，拍形稍前倾。准备击球时，右腿用力向上蹬伸，大臂往侧拉，前臂以肘关节为轴快速向左前上方挥动，在高点期或下降前期摩擦球的中部偏上位置，触球瞬间手腕顺势甩出，加大对球的摩擦。击球后，随势挥拍并迅速还原（图 2－72）。

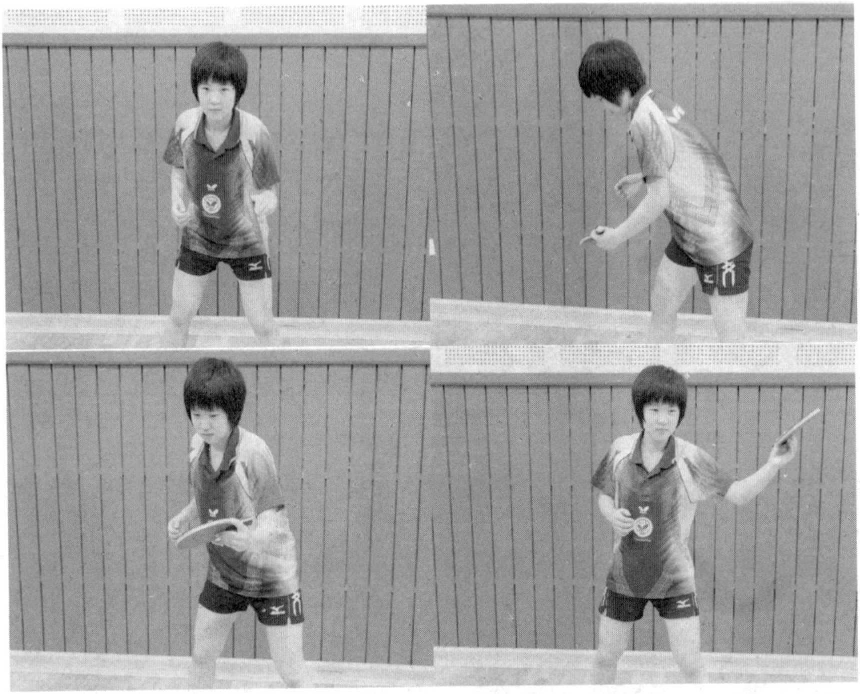

图 2－72

九、削球技术

削球是通过旋转和落点的变化来控制对方，使对方直接失误或为自己创造进攻机会。削球技术在世界乒坛中占有重要的地位，也是乒乓球运动发展历程中一种主要的打法类型。

乒乓球运动员在比赛中运用削球技术，如图 2－73。

图 2－73 朱世赫（韩国）

（一）正手削球

动作方法（以右手握拍为例）：左脚稍前，站位中台或远台，身体略向右转，重心移至右脚，手臂自然弯曲，前臂外旋引拍至肩高处，拍形稍后仰。准备击球时，以前臂发力为主，并带动手腕内收向左前下方摩擦球，在来球的高点期或下降前期击球的中下部，身体重心移至左脚。击球后，手臂继续向左前下方随势挥拍，并调整重心，迅速还原（图 2－74）。

图 2－74

（二）反手削球

动作方法（以左手握拍为例）：右脚稍前，站位中台或远台，身体略向左转，重心移至左脚，手臂自然弯曲，前臂向左后上方引拍至肩高处，拍形稍后仰。准备击球时，前臂带动手腕向右前下方摩擦球，身体重心移至右脚，在来球的高点期或下降前期击球的中下部。击球后，手臂继续向右前下方随势挥拍，并调整重心迅速还原（图2－75）。

图2－75

十、乒乓球双打技术

双打是以单打技术为基础，由两人共同合作进行比赛的项目。根据配对选手的性别，可分为男子双打比赛、女子双打比赛和混合双打比赛（图2－76～图2－78）。由于其参与性较强，所以受到广大乒乓球爱好者的喜爱。此外，通过双打的练习和比赛，不仅能锻炼身体，还能培养学生团结互助的品质和集体主义精神。

图 2－76 孔令辉/王皓

图 2－77 郭跃/郭焱

图 2－78 郭跃/王励勤

（一）双打的配对

双打的配对，以持拍手划分，可分为两左手持拍，两右手持拍，一左手、一右手；以握拍方式划分，可分为两人直握拍，两人横握拍，一直、一横；以类型打法划分，可分为快攻型、快攻型配弧圈型、快攻型配削攻、弧圈型配弧圈型、弧圈配削攻等。根据打法特点，可以选择适当的配合方式。一般情况下，最理想的配对是左右手持拍各一个（图2-79）。

图2-79

（二）双打的移动

1. 双打的站位与移动方法

（1）平行站位

（2）前后站位（略带偏斜）

2. 几种常见的移位方法

（1）八字形移动

一个左手握拍与一个右手握拍的选手配对时，来球分别在两名选手的反手或正手位置时，脚步移动线路呈八字形（图2-80）。

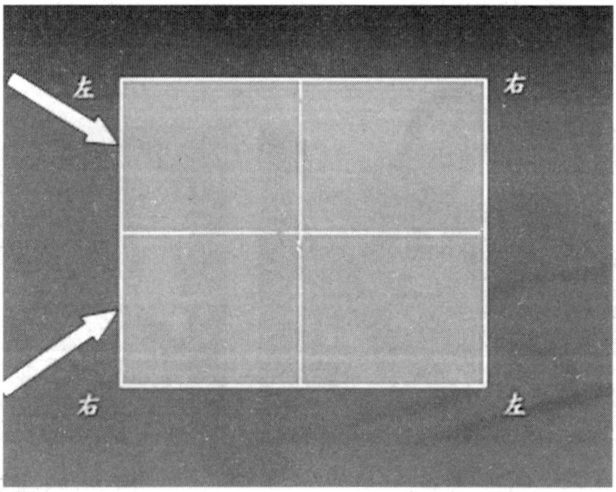

图2-80

（2）T形移动

一个快攻打法的选手同一个削攻打法的选手配对时，快攻打法的选手在近台向左右方向移动，削攻打法的选手前后移动，脚步移动线路呈T形（图2-81）。

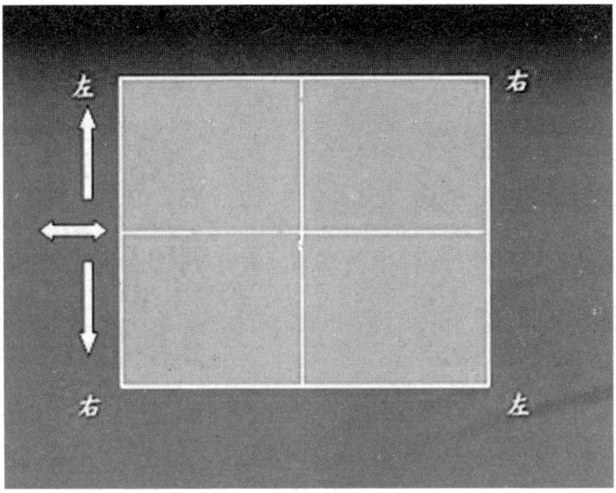

图 2－81

（3）∞字形移动

当对手针对本方某一个人交叉击送两角时，不管攻球运动员或是削攻运动员移动脚步移动线路都成∞字形。

（4）环形移动

多在两名右手握拍选手配对时采用此种移动方法。

第三节　乒乓球运动主要战术

在乒乓球比赛中，选手根据场上具体情况，把自己所掌握的各种技术有意识的组合起来，达到战胜对手的目的，从而形成战术。

一般情况下，战术可分为：发球抢攻战术、对攻战术、拉攻战术、搓攻战术、削中反攻战术、接发球战术。下面分别进行介绍：

一、发球抢攻战术

（一）长、短球结合的发球抢攻战术

以发侧下旋短球为主，配合侧上旋，至对方左（右）方台面近网处，迫使对方难以抢攻，为自己抢攻制造机会，再配合急上、下旋球至对方右（左）方台面长球，为自己进攻创造

机会（图2－82）。

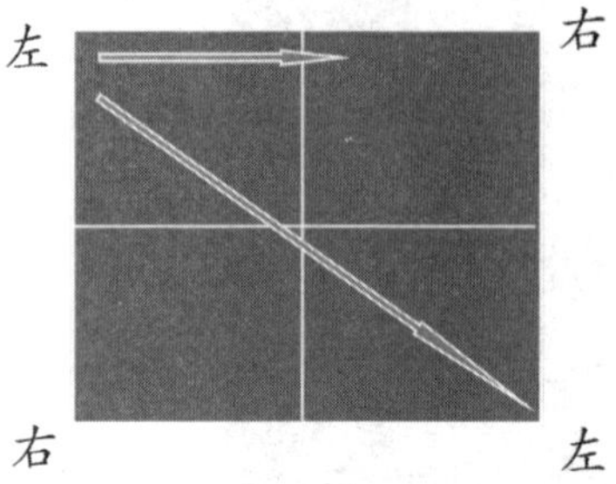

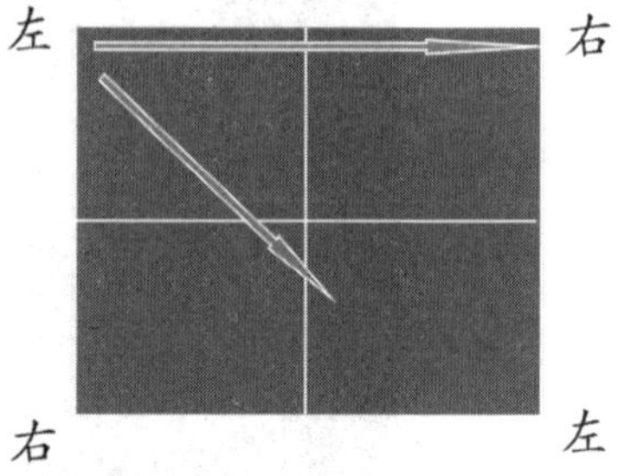

图2－82

（二）发近身球（底线）的抢攻战术

以发侧上、下旋球长球至对方左方台面，配合奔球到对方右角，伺机抢攻（图2－83）。

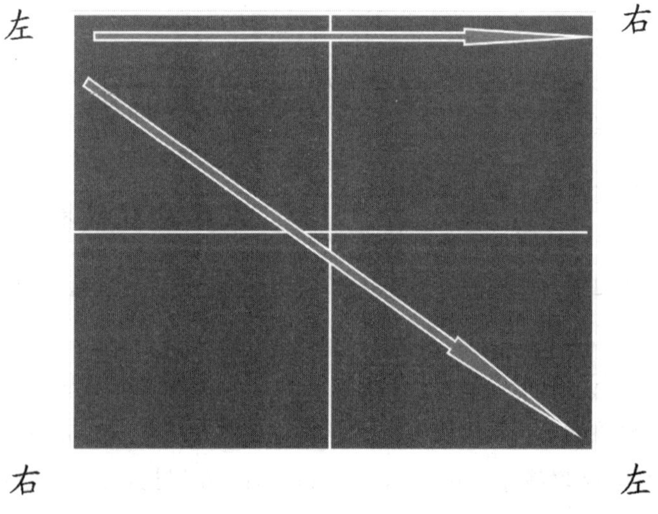

图2－83

（三）旋转、落点变化的发球抢攻战术

以连发转与不转短球，突发长球；或连续转与不转长球，突发短球，伺机抢攻。

二、对攻战术

（一）压制反手，结合变线

先用推挡或反手攻（拉），大角度压对方反手位，迫使对方不能侧身抢拉，在连续压反手牵制对手后突然快速变直线，伺机抢攻（图 2－84）。

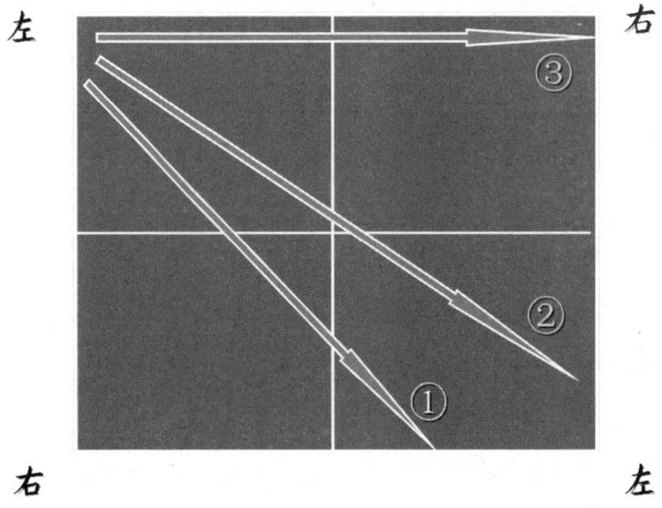

图 2－84

（二）加、减力推压中路，攻两角

以加、减力的推挡，压对方中路，伺机抢攻两角。

三、拉攻战术

（一）拉两角，攻击中路

拉球攻击两角，寻找机会冲中路

(近身球) 得分 (图2－85)。

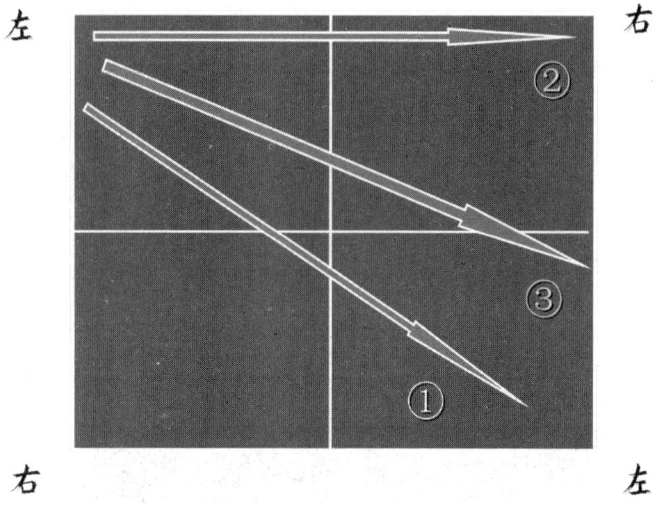

图2－85

(二) 拉中路，压两角的战术

以拉球中路 (近身) 为主，连续扣杀或抢冲两角。

(三) 拉反手，突击正手战术

在拉球的过程中，压住对方反手位，突然扣或冲杀正手直线。

(四) 长、短结合，拉、吊结合

主要是对付削球打法的选手时采用的一种战术。通过长短球，不同节奏与旋转的球来调动对手。

四、搓攻战术

(一) 快搓、摆短为主，结合搓长球至对方反手，伺机抢攻

以快搓、摆短至对方中路近网小球，伺机侧身扣杀或冲直线。

以转与不转搓球至对方反手位底线长球，使其不容易侧身，伺机抢攻或冲右方大角。

(二) 搓转与不转结合落点变化，伺机抢攻战术

以转与不转的搓球至对方左或右、长或短的球，伺机抢冲、扣杀。

五、削中反攻战术

（一）削两角，伺机反攻。

（二）削长、短球，伺机反攻。

（三）削转与不转球，伺机反攻。

（四）削、攻结合。

六、接发球战术

（一）以快打快拉、快拨、快推等手段，回击所有出台或半出台的来球，抢先上手，连续进攻。

（二）用快点、挑等技术，回击各类小球。

第三章　乒乓球运动快乐速成途径

本章主要介绍乒乓球技术的练习方法，在轻松、愉快的氛围中快速掌握乒乓球技术。

人物图示：

学　生：　　教　师：

路线图示：

人移动路线：　　球运行路线：

其他图示：

障碍物：　　乒乓球：　　持球方：

装有数个乒乓球的纸盒：

一、准备姿势的趣味练习法——判断“1、2”

图例：

图 3－1

方法：将学生平分成2组（或4组），教师叫“1”的时候学生站立，“2”的时候快速下蹲做成准备姿势动作，“1、2”连贯的时候就快速从站立转为乒乓球准备姿势。

规则：反应要快，准备姿势做到位。

建议：此练习可在行进中采用，用哨声的“短哨、长哨、连续两声短哨”控制。

二、步法的趣味练习法

（一）“8”字并步移动

器材：4米×4米的正方形场地一块，周围无障碍物。用粉笔或小物体在正方形的四个角上注A、B、C、D标记。

图例：

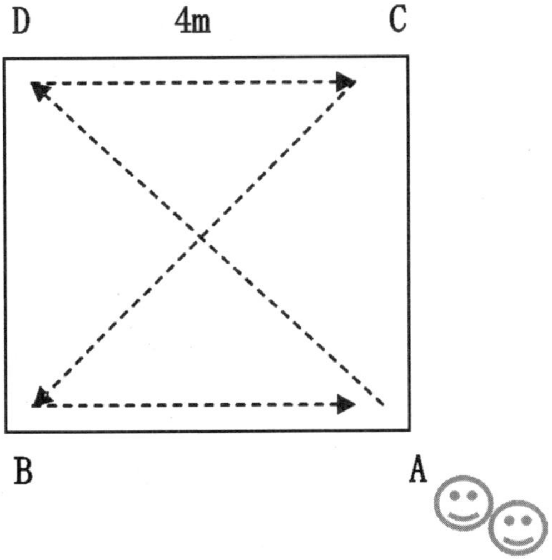

图3－2

方法：学生列队在A点准备，第一个同学移动到B点时，第二个同学开始练习。依次进行。移动路线是从A点左侧并步到D点，再从D点右侧并步到C点，从C点左侧并步到B点，再从B点右侧并步到A点。（见图3－2）

规则：

1. 在整个练习中，练习者脚必须踩到点或触及标志物，才能进行下一个动作；

2. 步伐可采用单步、跨步、交

叉步、跳步等。

建议：移动路线也可从A点左侧并步到B点，从B点右侧并步到C点，再从C点左侧并步到D点，最后从D点右侧并步到A点结束。

（二）移步换球接力

器材：两个装乒乓球的篓子、40个乒乓球。

图例：

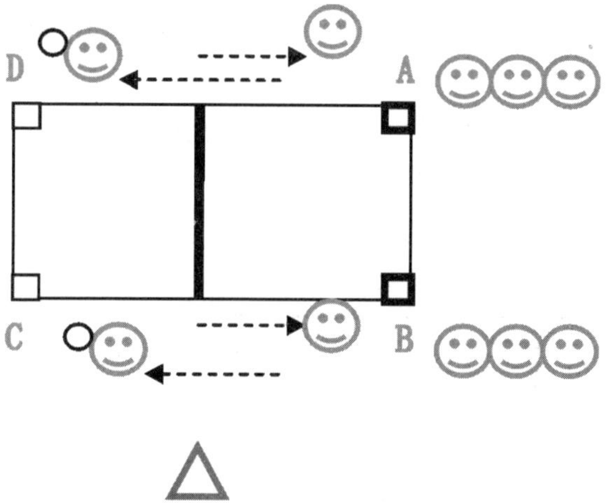

图3－3

方法：在乒乓球台边上A、B、C、D角各方一个四角形的篓子，A、B角放装有20个乒乓球的篓子，C、D角放空篓子。将学生分成相等的两部分纵队站立，分别站于A角和B角。教师鸣哨比赛开始，第一个学生从篓子里拿乒乓球，用指定的步伐快速移动到指定篓子将球置于篓内，再转身返回，与第二个学生击掌后排于队尾。第二个学生击掌后迅速从篓中拿球移动。依次进行，先完成的组获胜。

规则：

1. 不能跑步，只能采用规定的步伐移动；

2. 必须击掌后才能拿乒乓球；

3. 完成时间短，违规少的组为胜队；

4. 移步、转身动作要迅速。

建议：可用两个乒乓球台，加长移动路线。

（三）逆向移步

器材：两面小旗（或用手势、口哨）。

图例：

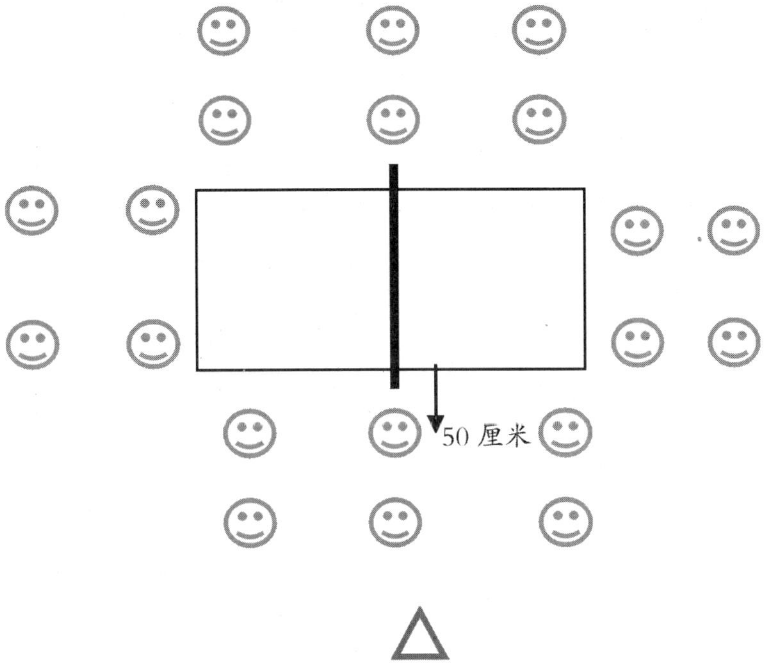

图 3－4

方法：学生站在离球台边线 50 厘米处，左右前后间隔 50 厘米，教师与学生相向站立。教师持旗于身体两侧，学生做好准备姿势；旗尖朝右，向左移动，反之向右移动；旗尖朝前，则向后移动，反之向前移动。左右手举旗，则为交叉步移动；单手举旗，则为单步移动；两手握旗将两旗合并，则为并步移动；一手握两旗，则为滑步。

规则：

1. 看教师举旗的方式，采用正确的步伐进行移动；

2. 看旗示，快速反应，迅速移动。

建议：可以先移动方向和旗示方向一致练习，降低难度；可以根据实际的人数将学生分为几组，进行组内比赛；出错数少的组为胜；可以用手势代替小旗。

（四）“一分钟”移动

器材：乒乓球台。

图示：

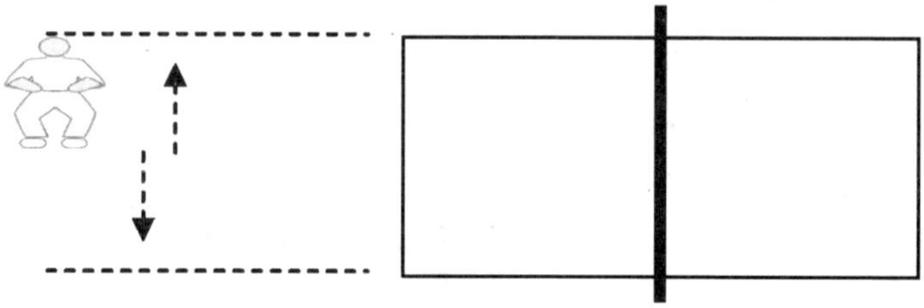

图 3－5

方法：学生采用并步在球台两侧的延长线进行一分钟的移动。

规则：移动要迅速，保持身体的平衡和稳定。

建议：适用于交叉步移动练习。

（五）“30 秒”跨跳

器材：乒乓球台。

图示：

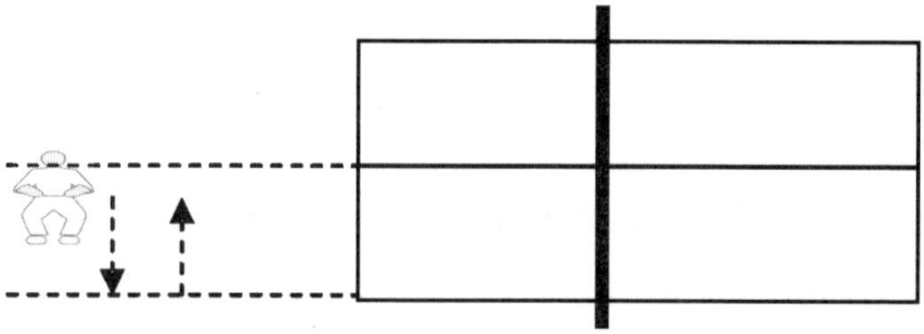

图 3－6

方法：学生在球台 1/2 处的延长线和球台侧面的延长线之间进行 30 秒的跨跳步移动练习。

规则：降低身体重心，移动步幅要大。

建议：适用于跳步移动练习。

（六）摸“角”

器材：乒乓球台、秒表。

图示：

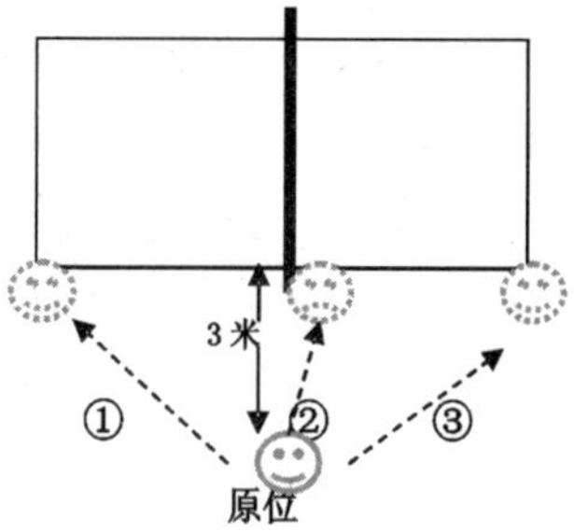

图 3－7

方法：学生站在距离乒乓球台侧面球网的延长线3米左右处。采用侧身步，左右侧前、侧后移动。先左侧前移动后摸乒乓球台的左角，再返回原位，然后在侧前摸乒乓球球网的右角，接着返回原位，最后右侧前移后摸乒乓球台的右角，再返回原位，重新再做一次结束练习。教师站在乒乓球台的右侧用秒表看每一个同学的移动所用时间，用时最短的学生为胜。

规则：根据距离的远近采用不同的侧身步法。

建议：适合各种步法移动练习。

（七）侧滑步接力赛

器材：乒乓球台。

图示：

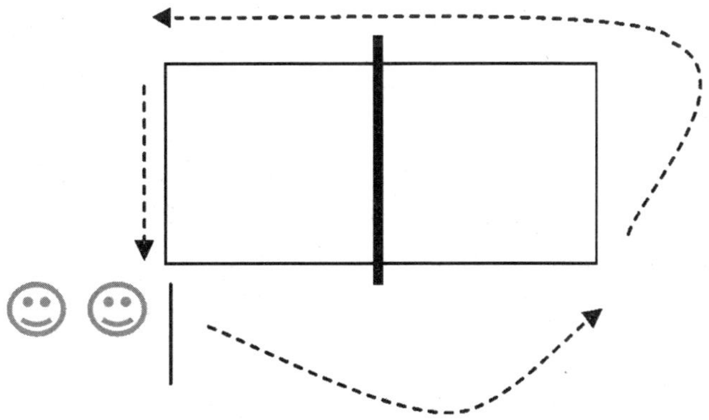

图3－8

方法：将学生分成相等的几组，分别站在乒乓球台的左侧右角处，在地面上画一条与乒乓球台左侧端线延长线平行的直线。学生站在线后准备，教师一鸣哨，每组的第一个学生采用侧滑步围绕乒乓球台进行移动，当移动到排尾时，第二个同学开始移动，依次进行，直到最后一个同学移动完毕。完成时间最短的组为胜。

规则：移动过程必须采用侧滑步。

建议：适用于其他移动步法。

（八）倒“8”字托球接力

器材：两个标志物（板凳或圆锥物体）、乒乓球、乒乓球拍。

图示：

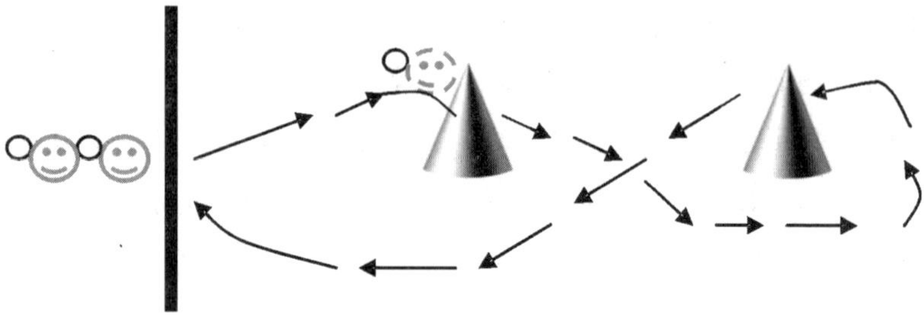

图 3－9

方法：将学生分成相等的 4 组，握乒乓球拍托球站在统一的线后面。采用交叉步绕过标志物进行倒“8”字移动。移动中必须保持乒乓球在球拍上。先完成的队为胜。

规则：

1. 整个移动过程乒乓球必须在球拍上，若乒乓球落地，则需从滑落的地点开始重新进行移动；

2. 必须等本方学生回动起始位时，下一位学生才能开始移动；

3. 移动过程中必须采用交叉步移动。

建议：适用于其他移动步法。

三、发球的趣味练习法

（一）熟悉球性的趣味练习法

1. 掂球比多

器材：乒乓球台、乒乓球拍、乒乓球、口哨、秒表。

图示：

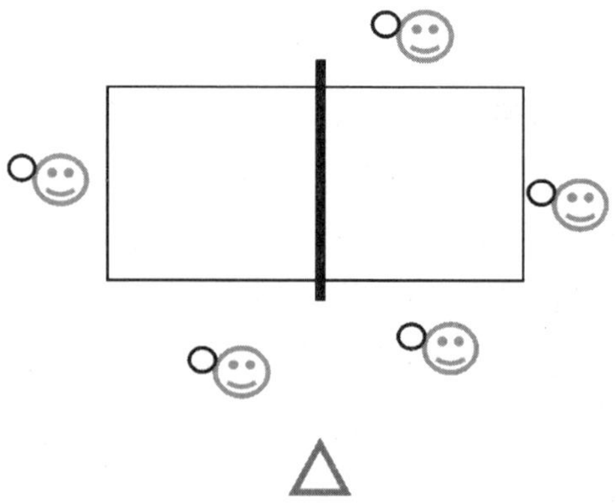

图 3－10

方法：学生握拍并拿一个乒乓球站在球台四周（见图）。教师鸣哨并开秒表，比赛开始，学生持拍，拍面呈水平，连续将球向上弹起，不能落地。学生一边掂球一边数数，球落地后，掂球数从“0”开始计数。1分钟到时，教师鸣哨停止掂球，各同学报所掂球的数，掂球数多者为胜。

规则：

（1）掂球时，可移动但不能去干扰同伴掂球；

（2）学生要诚实，报出自己掂球的数量。

建议：可把学生分为相等两组，一组掂球，一组数数，看哪组的掂球数多则为胜；可让学生在固定位置掂球，球落地后比赛结束，看谁在固定位置掂球数多者为胜；可让学生采用正反面掂球，用拍的正面击一次球，让球向上弹起，迅速将拍反过来，待球下降时用反面击球。

2. 运“篮球”比快

器材：乒乓球台、乒乓球拍、乒乓球、口哨。

图示：

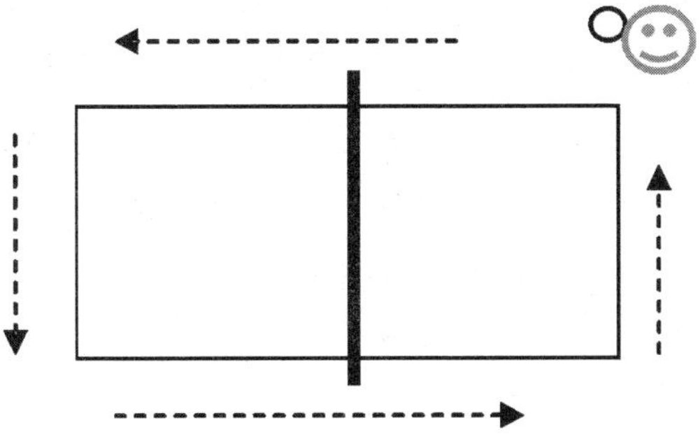

图3－11

方法：将学生分成相等的两组，在乒乓球台边站好，每人拿一乒乓球。教师鸣哨开始，每组第一个同学快速拍乒乓球跑动，逆时针围绕球台运球一周回到该组的队尾时，第二名同学接着运球跑，直到该组的最后一名同学跑到队尾，比赛结束，完成时间最短的组为胜。

规则：

（1）跑动中要保持乒乓球处于运动状态，不能拿着乒乓球跑；

（2）准备跑的同学一定要看见跑完的同学站在队尾才能开始跑；

建议：跑动的方向也可为顺时针

方向跑动；可以用一个乒乓球台进行，一组跑完后，另一组开始练习。

3. 掂球接力赛

器材：乒乓球两个、乒乓球拍两个。

图示：

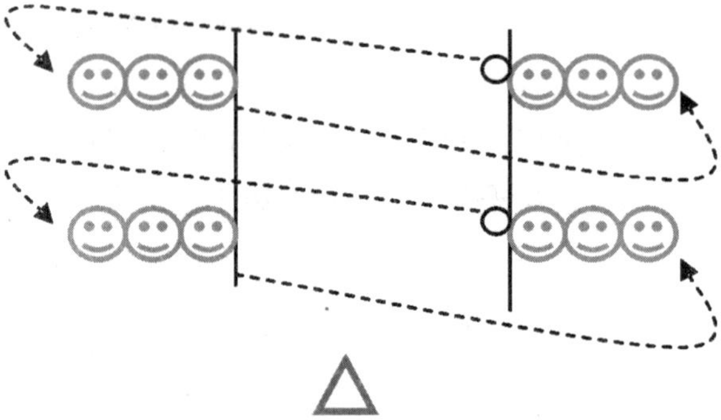

图 3 – 12

方法：画两条相距 10 米的平行线。将学生分成相等的两大组，每一大组分成相等的两小组相对站立于平行线后。教师鸣哨比赛开始，两组右边排头的同学持拍掂球到左边的排尾，并把乒乓球和球拍由后到前传给排头同学，排头同学拿到乒乓球和球拍迅速掂球到右边，依次进行，先完成的组算胜。

规则：边跑边掂球，哪组掂球失误少，并最先跑完全程为胜。

建议：可以围着乒乓球台进行掂球接力赛。采用两个乒乓球台，分成两大组，从乒乓球台的右角开始掂球，然后围绕乒乓球台掂球一周返回右角交给下一位同学。先完成的组算胜。

（二）趣味发球练习法

1. 自抛自接

器材：乒乓球。

图示：

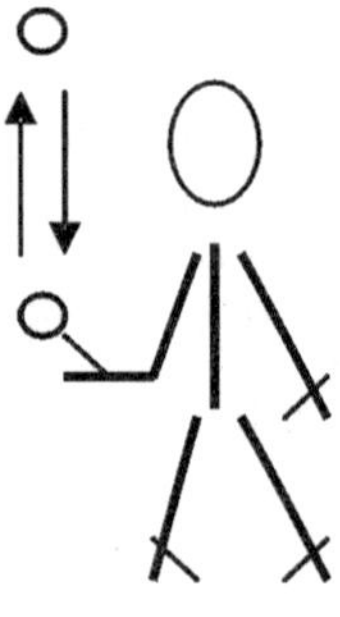

图 3 – 13

方法：将乒乓球置于伸平的手掌

上，向上垂直抛起，再用手去接住下落的球。

规则：向上垂直抛球，高度超过16厘米。

建议：可以用一个手抛，一个手接。

2. 看谁发的好

器材：乒乓球台、乒乓球拍、装有数个乒乓球的纸盒一个。

图示：

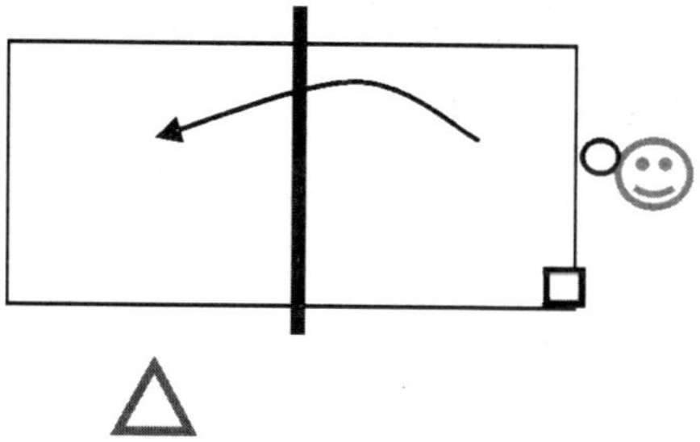

图 3 – 14

方法：将装有数个乒乓球的纸盒放在乒乓球台左侧方，学生准备姿势做好，左脚稍前，转腰在纸盒中拿一个球，抛起做发球动作，使球先触击本方台面，然后再越过球网触击对方球台。教师担当裁判，计20个球的发球成功率，其他学生在场地四周捡球。每个学生依次完成练习，成功率最高的为胜。

规则：

（1）必须使用正确的发球技术；

（2）必须使球先触击本方台面，再触击对方台面。

建议：

（1）练习初期，可以给学生提出要求，如20个球，成功10个球算合格，未能达到要求的学生延长练习次数，随着练习次数的增多，增加合格的个数；

（2）可以对学生的发球技术进行要求，如：10个正手发平击球，10个奔球等等；

（3）随着学生技术掌握的熟练性，可以要求学生把球发到规定的区域。

3. 你“攻”我“守”

器材：乒乓球台、乒乓球拍、乒乓球。

图示：

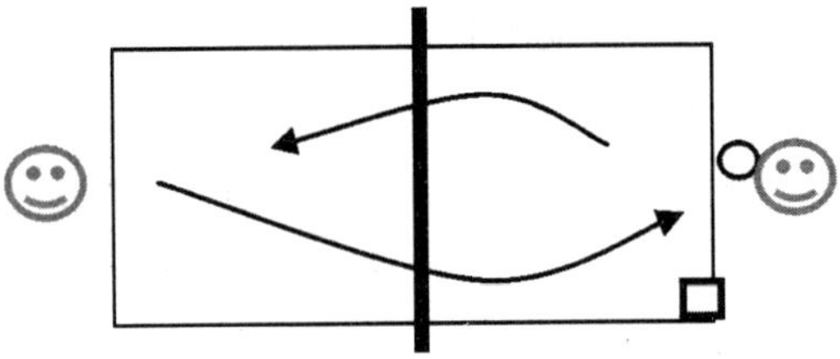

图 3－15

方法：学生两人一组，持球学生作为“进攻方”按教师指定的发球技术将乒乓球发给同伴，同伴作为“防守方”要准确无误的用手将球接住，然后再将球递回去。10 个球后交换角色。“进攻方”和“防守方”失误少的学生为胜。

规则：

（1）“进攻方”必须按老师规定的发球技术发球；

（2）“防守方”要注意判断，快速移动，准确的接住乒乓球。

建议：

（1）教师可以要求学生变换发球技术；

（2）学生的发球位置可以随意变动，增加接球同学的难度。

四、趣味接发球练习法

1．吃“鱼食”

器材：乒乓球台、乒乓球拍、乒乓球。

图示：

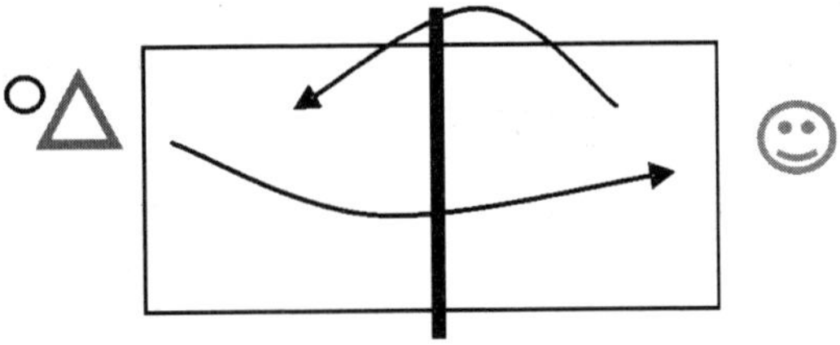

图 3－16

方法：在乒乓球台上，教师用多球给学生喂“鱼食”，每个学生 5 个“鱼食”。学生不仅要吃“鱼食”，还要将“鱼食”击过网落在桌面上。看哪个学生吃的“鱼食”最多，多者为胜。

规则：击到球，并将球击过网落在桌面上，算吃“鱼食”成功。

建议：

（1）可要求学生把球击到规定的区域内，提高击球的方向性；

（2）教师的角色可以让学生代替。

2. “二”打“一”

器材：乒乓球台、乒乓球拍、乒乓球。

图示：

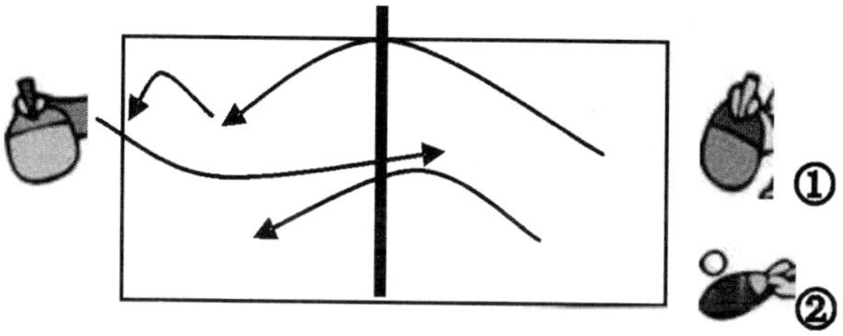

图 3－17

方法：三名学生为一组，两名学生在乒乓球台同一侧交替发球，另一名学生在对面的球台练习接发球。接球的学生一定要将同伴的发球击过球网，击到对方的球台上算成功。接球失误后则换下一名同学练习，依次进行。最后看谁接发球的时间最长。

规则：接发球击球时要将球击过球网落在发球同学所站的球台面上。接发球的学生要快速移动步法，提高击球的成功率。

建议：发球的学生可以增加为 3 名或 4 名，帮助提高学生的接球判断能力。

3. 接反弹球

器材：乒乓球拍、装有数个乒乓球的纸盒一个、一面平坦的墙面。

图示：

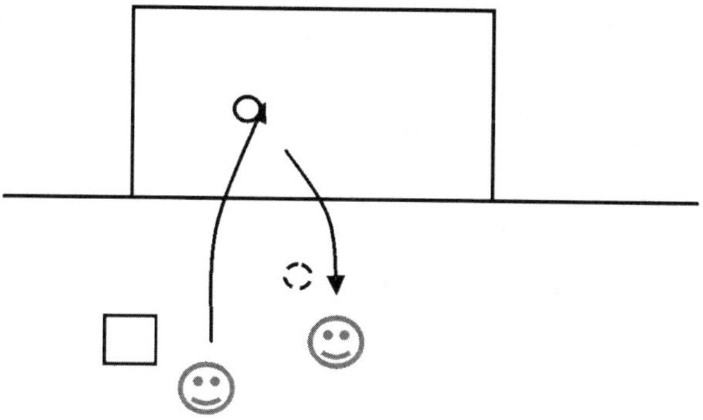

图 3－18

方法：两名学生一组，站在墙前面1．5米左右处。一名学生在同伴背后用多球对墙击球，另一名学生连续击从墙上反弹回来的球。

规则：判断反弹球的位置，将球击到墙面上。

建议：可在墙面上画个方框，让学生将反弹球击到指定框内，提高击球的准确性。

四、攻球趣味练习法

（一）快速反应攻球

器材：乒乓球拍、废旧饮料瓶、装有数个乒乓球的纸盒一个。

图示：

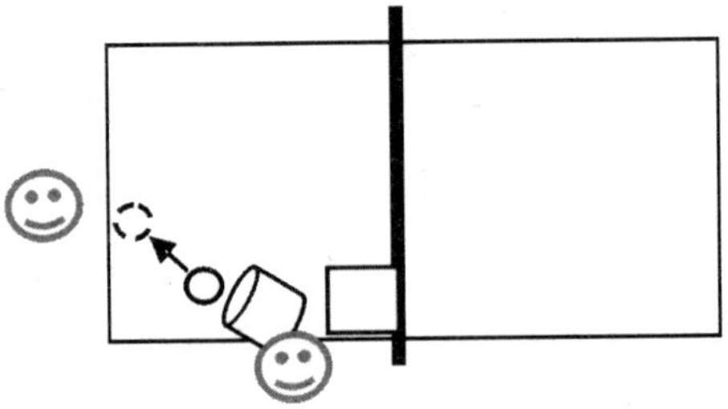

图 3－19

方法：将废旧的饮料瓶用剪刀剪出比乒乓球大一点的口，把瓶底剪掉。两名学生一组，一名学生在乒乓球台后准备攻球练习，另一名学生从饮料瓶后端放球。球落到球台弹起时，练习的同学用攻球的技术将球击到对面球台。10个球后，两人交换。

规则：球落地反弹时将球攻到对面球台。

建议：可以将对面球台上画四个区域，让练习的学生将球攻到指定的区域。

（二）打吊球

器材：橡皮膏或胶带、小线20根。

图示：

图 3－20

方法：将乒乓球用橡皮膏或胶带与一根小线贴住。同学两人一组，每组相距2米左右，一个同学用手拿着粘有小线的乒乓球前举，另一同学在吊球前做好准备姿势，然后击球，10次为一组。完成后两人交换。

规则：

（1）击球力量稍轻，逐步体会攻球动作；

（2）举球的同学不能把球举的太高，保持在练习同学的胸前位置。

建议：可将学生分为两组，一组举球，一组攻球。攻球的学生依次移动做攻球练习，练习完毕后，两组交换。

五、推挡球趣味练习法

（一）你“发”我“推”

器材：乒乓球台、乒乓球拍、乒乓球。

图示：

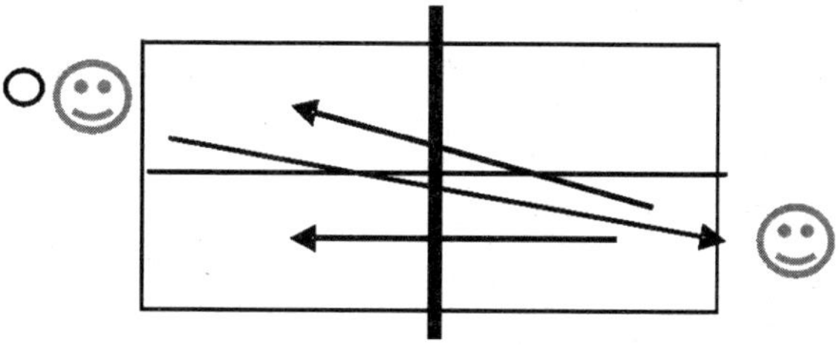

图3－21

方法：两名学生分别站在左半球台。持球的学生为发球者，另一学生为练习者。发球者将球到练习者的前面，练习者将球推斜线到左半球台，10个球为一组，然后将球推直线推到右半球台。两组练习结束后，交换角色，看谁的失误最少为胜。

规则：

（1）注意判断球的落点；

（2）推球时，根据推出球的路线不同，快速移动脚步。

建议：在掌握一定的推挡球技术后，两个学生可以站在球台左右对角附近进行对推练习，看谁的失误少。此练习方法也适合于搓球、弧圈球练习。

（二）“移动飞球”接力

器材：乒乓球台、乒乓球拍、乒乓球。

图示：

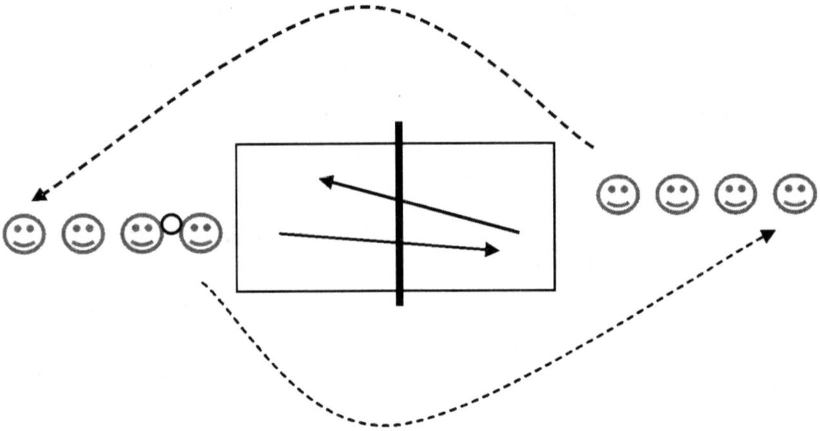

图 3－22

方法：将学生分为 8 人一组，球台两侧分别站 4 人。球台左侧学生发球，比赛开始，发球后按逆时针方向绕台跑动到对方台面后站于排尾。右侧学生将球推到对方台区，击球后随即跑动到对面台区再准备下一次球。如此循环击球。让乒乓球保持运行的时间最长的组获胜。

规则：保持球不落地，落地后停止比赛。可采用推挡球、攻球、搓球等技术。

建议：此练习方法适用于学生掌握一定的推挡球、攻球、搓球等技术基础时采用。

六、趣味搓球练习法

（一）“搓”和“攻”

器材：乒乓球台、乒乓球拍、乒乓球。

图示：

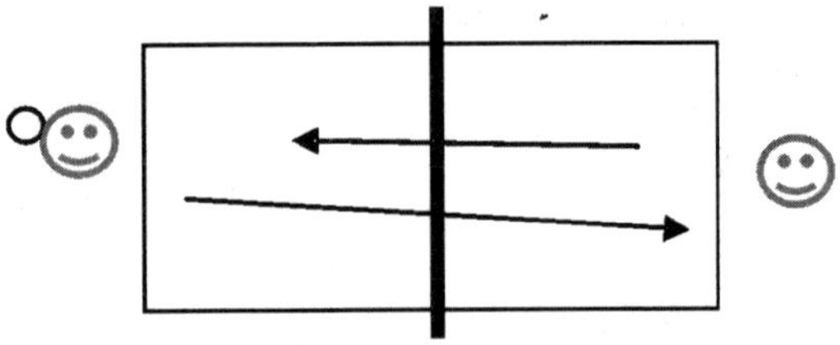

图 3－23

方法：两名学生分别站在球台两侧，左边学生发球，右边学生以搓球将球搓到同伴的球台上，发球学生采用攻球技术将球攻到右边学生，交替进行，直到球落在桌面区域外。然后交换角色继续练习。

规则：持球学生可变化技术，但无球学生必须采用搓球技术。

建议：此练习也可改为一个人推挡球，一个人搓球。

（二）“直、斜”相间

器材：乒乓球台、乒乓球拍、装有数个乒乓球的盒子。

图示：

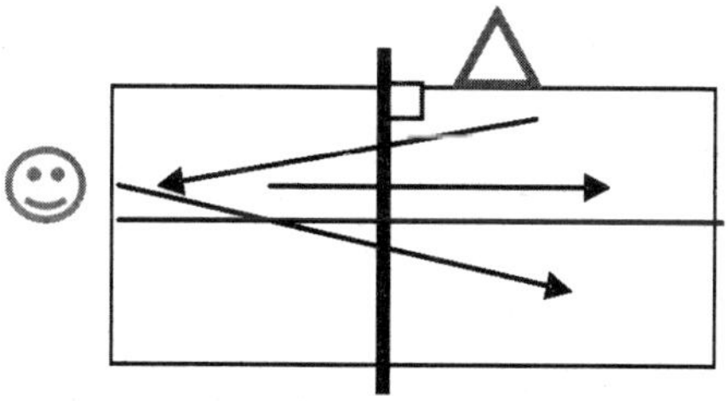

图 3－24

方法：教师站在右边球台球网附近将球击过球网落在学生前面。学生先搓直线，再搓斜线。20 个球搓到位，计搓球成功。

规则：学生注意力要集中，将球搓到指定区域。

建议：此练习也适用于攻球、弧圈球、推挡球技术的练习。

七、弧圈球趣味练习法——快乐“弧圈”

器材：乒乓球台、乒乓球拍、装有数个乒乓球的盒子。

图示：

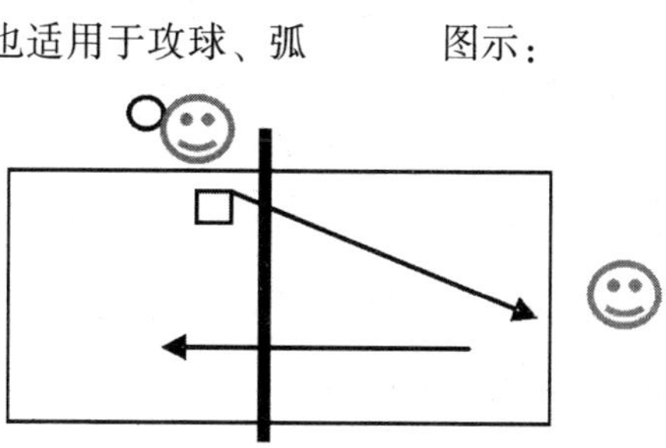

图 3－25

方法：两人一组，一学生站在球网处，一学生站在对面的球台后。持球学生连续将球发过球网并落同伴身前，无球学生连续用弧圈球技术将乒乓球击到对方区域。20个球后互换。失误少的学生为胜。

规则：必须采用弧圈球技术。

建议：此练习方法还适用于发球、接发球、推挡球、搓球以及攻球技术。

八、身体素质趣味练习法

（一）端球接力

器材：乒乓球拍4支、乒乓球4个、一块平坦的地面。

图示：

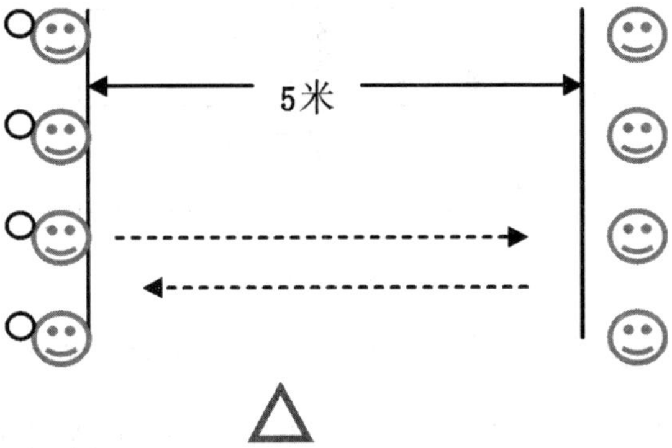

图3－26

方法：在平坦的地面划两条相距5米的平行线。将学生分为人数相等的4组，每组分为两部分相对站立在线的两侧。要求学生静立持拍（直握、横握均可），拍面呈水平，将球置于拍面上，不让球滚下。教师鸣哨比赛开始，左侧第一个同学端球走到右侧，将球和球拍交于右侧第一同学，依次完成。先完成组为胜。

规则：

（1）走动过程球落地后要快速将球拾起，并在落地处重新开始走动；

（2）仅能以走的形式完成练习。

建议：较熟练后，可要求左右两手端球行走。

（二）“兔子”围着“大树”曲线跑

器材：一块平坦的地面。

图示：

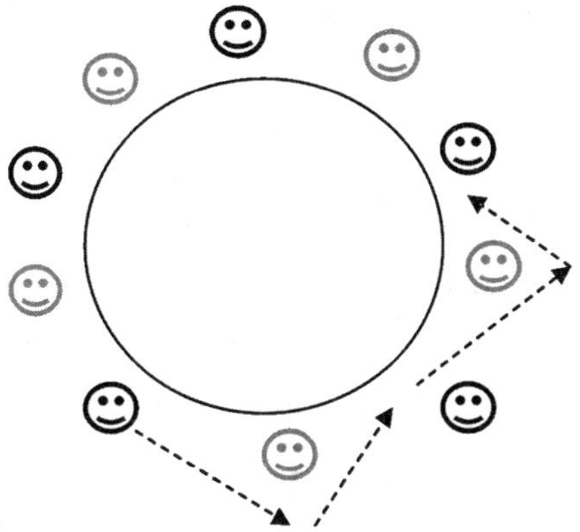

图 3－27

方法：学生手拉手围成一个大圈。用“1、2”报数的方法分成两组，轮流做“大树”和“兔子”。数“1”的同学先做“大树”，数“2”的同学先当“兔子”。教师鸣哨计时，“兔子1”开始围着“大树”和其他“兔子们”做逆时针曲线跑，当跑完一圈回到原位，“兔子2”开始跑，依次进行，直到最后一只“兔子”跑完回到原位停表。然后交替角色练习，完成时间最短的组为胜。

规则：

（1）“大树”和未轮到跑的“兔子”要站好，不能移动；

（2）必须做曲线跑。

建议：跑动方向可变为顺时针曲线跑。

（三）想象比赛

器材：乒乓球拍。

图示：

图 3－28

方法：两人一组，握着乒乓球拍相对站立相距3米左右。根据同伴做出的击球动作，快速做出反应和动作。

规则：针对同伴的动作快速做出应对的动作，同时说出动作名称。

建议：可以结合乒乓球做练习。

（四）围着“圈”追逐跑

器材：乒乓球台。

图示：

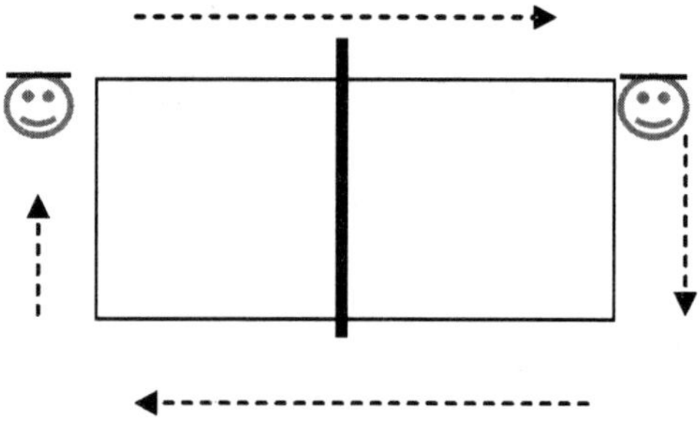

图3－29

方法：把乒乓球台视为“圈”。两个学生两脚位于球台左边延长线的左右侧，背向站立，听到口令后迅速按顺时针绕台跑，左侧学生在两圈内抓到右侧学生为胜。然后互换角色，重新追逐。

规则：在绕台跑中如有意扶台或推台者，则算违规，重新开始练习。

建议：也可以按逆时针方向绕台跑。

（五）对墙击球

器材：乒乓球拍四个、乒乓球四个、秒表、墙面。

图示：

图3－30

方法：将学生分成相等的四组，分别对墙击球。击球时间一分钟，每组累积个数，分别取一组击球个数最多的同学，最后 4 名同学进行比赛，个数多者获胜。

规则：教师口令“开始”才能对墙击球，“停”的口令一出立即停止击球。

建议：可以让学生站为 4 个纵队，每队一球，依次接球，保持球不落地。击球时间最长的组为胜。

（六）看谁放的多

器材：1 个装有数个乒乓球的盒子、两个空盒子、一块平坦地面、秒表。

图示：

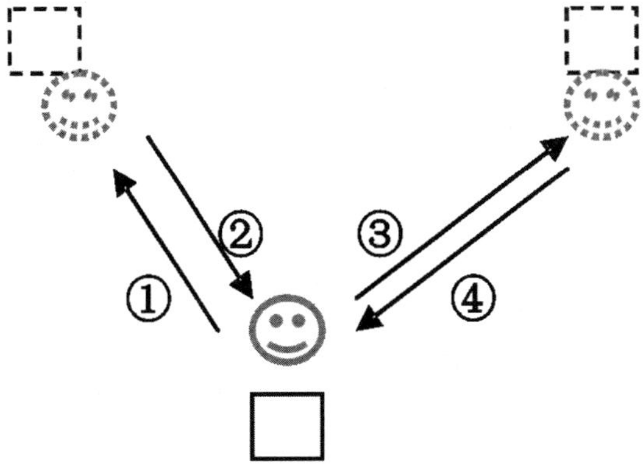

图 3－31

方法：学生在装有数个乒乓球的盒子处准备，计时“开始”，学生立即拿球按图示的顺序，将球分别放入两个空盒子。三分钟时间到时，停止练习，看谁放的球最多。

规则：必须将乒乓球放入空盒子，不能扔或抛进去。

建议：可以增加为 4 个空盒子，围成一个正方形，进行“米”字形移动放球。

（七）“托球”追逐

器材：乒乓球拍、乒乓球。

图示：

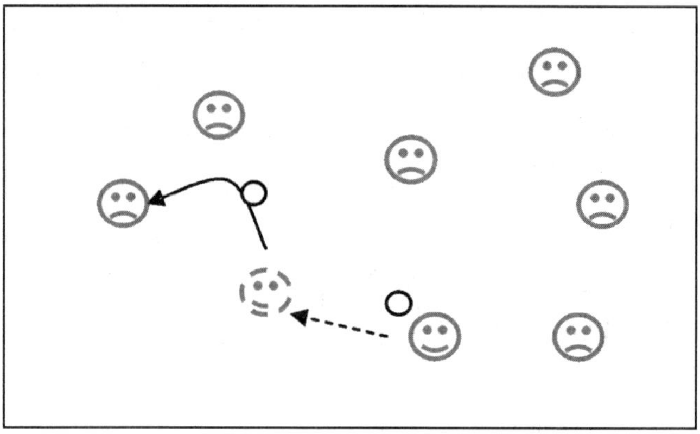

图 3－32

方法：将学生分为 8～10 人一组，在一个长方形或正方形场区进行练习。追逐的学生手持乒乓球拍托住球，在距离被追逐的学生 3～6 米的距离时，将乒乓球击到被追逐的学生身体才算捉住了被追逐的学生。然后两个学生交换角色，继续游戏。

规则：

（1）追逐的同学在追逐的过程中所托的乒乓球不能掉下，若掉下，则必须拾起重新开始追逐；

（2）被追逐的学生要快速反应以躲过追逐学生击过来的乒乓球。

建议：此练习是培养乒乓球灵敏素质的练习方法。也适用于网球、羽毛球等运动项目。

（八）乒乓"足球"

器材：乒乓球台、乒乓球拍、乒乓球。

图示：

图 3－33

方法：学生分队，每队5人。用乒乓球和球拍进行类似足球比赛的游戏。将球击到地上，同队的学生尽力将球移动，并和同伴相互配合，将球击到左边乒乓球台的左半台或右边乒乓球台的右半台。20分钟内哪边击到指定半台的个数最多，该队获胜。

规则：

（1）乒乓球必须经过地面反弹后，才能击球；

（2）必须用球拍击球，不能用手抓住球。

建议：可将比赛分为上、下半场，每场各10分钟，半场结束后交换场区，继续比赛。20分钟后根据击到指定半台的个数判断胜负，个数最多的队获胜。

第四章　乒乓球运动综合知识

乒乓球运动是一项身体全面参与、四肢协调配合的运动。长期参与乒乓球运动，能达到锻炼身体、延年益寿等价值。本章主要介绍乒乓球运动的价值、乒乓球比赛的几大赛事、乒乓球界的名人以及乒乓球观赛的赛场礼仪，有助于更全面的了解乒乓球知识。

第一节　乒乓球的运动价值

一、增强智力

打乒乓球时，球在空中飞行的速度是很快的，在短暂的时间内，要求参与者对高速运动的来球方向、旋转、力量、落点等进行全面观察，迅速作出判断，并及时采取对策，迅速移动步法，调整击球的位置与拍面角度，进行合理的还击，而这一切活动都是在大脑指挥下进行的。因此经常从事乒乓球运动，可大大提高神经系统的反应速度，增强智力。

二、提高身体机能

长期参加乒乓球运动，随着技术水平的不断提高，活动范围不断加大，运动量也逐步增加，速度素质、力量素质和身体的灵敏性、协调性也相应的得以增加。肌肉变得发达、结实、健壮，关节更加灵活稳固，神经系统灵活性不断得以改善。

三、提高心理素质

乒乓球是竞技运动，由于激烈的竞争，成功和失败的条件经常转换，参与者情绪状态非常复杂。他会经受变幻莫测、胜负难料的激烈竞争的锻炼，体验到成功、失败的情绪。同时，在比赛中要猜测对手的战术意图，自己合理地采用战术去应对对手，这样可以提高参与者的心理素质。

四、促进交流

乒乓球项目有单项、双打、团体项目。通过参加乒乓球运动，不但能培养独立思考和集体主义的精神，还能相互交流经验，切磋球技，达到相互学习，共同提高，增加友谊的目的（图4－1；图4－2）。

图4－1

图4－2

五、娱乐身心

学习和生活中产生的不良情绪，可以通过打乒乓球得到缓解和宣泄，起到积极的心理调节作用，提高对社会的适应能力。打乒乓球是一种高尚的文化娱乐活动，能使人们在精神上得到一种乐趣和享受，可以使人心情舒畅，精神愉快（图4－3）。

图4－3

第二节　乒乓球运动的几大赛事

一、世界乒乓球锦标赛

国际乒乓球联合会主办的世界乒乓球锦标赛，任何会员协会均可派运动员参加。目前共拥有186个会员国，是世界上较大规模的乒乓球赛事。世界锦标赛共设七个项目：男子团体、女子团体、男子单打、女子单打、男子双打、女子双打、混合双打。每一项目都设有专门奖杯，并来自不同的国度。各项奖杯都是以捐赠者的姓名或国名命名的。

（一）男子团体——斯韦思林杯

1926年12月，由国际乒联主席伊沃·蒙塔古先生的母亲——前任国际乒乓球联合会名誉主席斯韦思林女士所赠，故命名为斯韦思林杯（图4－4），作为男子团体比赛的优胜奖杯。至2009年获该奖杯最多队是中国队。

图4－4

（二）女子团体——考比伦杯

1934年，第8届世界乒乓球锦标赛在法国巴黎举行，在这次比赛中，首次设立了女子团体赛项目。东道主法国乒乓球协会主席马赛尔·考比伦先生，捐赠了以他的名字命名的马赛尔·考比伦杯（图4－5），作为女子团体比赛的优胜奖杯。第一届开始设立，至2009年获该奖杯最多队是中国队。

图4－5

（三）男子单打——圣·勃莱德杯

在1929年举行的第3届世界乒乓球锦标赛上，英国运动员弗·佩里获得男子单打冠军。英格兰主席乌德科克先生为赞扬其取得的成就，捐赠了以弗·佩里所在的圣·勃莱德乒乓球俱乐部命名的奖杯，作为男子单打比赛的优胜奖杯（图4－6）。

图4－6

（四）女子单打——吉·盖斯特杯

1931年，第5届世界乒乓球锦标赛在匈牙利的布达佩斯举行。作为东道主的匈牙利乒乓球协会主席吉·盖斯特在锦标赛中，捐赠以他的名字命名的吉·盖斯特杯，作为女子单打比赛的优胜奖杯（图4－7）。

图4－7

（五）男子双打——伊朗杯

1947年在巴黎举行第14届世界乒乓球锦标赛，伊朗国王捐赠以伊朗国名命名的奖杯，作为男子双打比赛的优胜奖杯（图4－8）。

图4－8

（六）女子双打——波普杯

1948 年在伦敦举行第 15 届世界乒乓球锦标赛，当时国际乒联名誉秘书伟·杰·波普捐赠以他的名字命名的波普杯，作为女子双打比赛的优胜奖杯（图 4－9）。

图 4－9

（七）混合双打——兹·赫杜塞克杯

兹·赫杜塞克杯是由前捷克斯洛伐克乒协秘书赫杜塞克先生所赠，故以他的名字命名（图 4－10）。

图 4－10

以上 7 个奖杯都是银质的且是流动的，各项冠军都可以保留其至下届比赛开始前。每届比赛获杯者的名字或国家名称都被刻在奖杯上，以示永久纪念。男女单打冠军若连续 3 次获得“圣·勃莱德杯”或蝉联 4 次获得“吉·盖斯特杯”，则由国际乒联制作一个小于原奖杯一半的复制品，由获得者永远保持。我国乒乓球选手庄则栋因连续获得第 26、27、28 届男单冠军而获此殊荣（图 4－11）。

图 4－11

（八）纪念奖杯——埃及杯

1939 年第 13 届世乒赛在埃及的首都开罗举办时，埃及国王向国际乒联赠送了以其国名命名的“埃及杯”。国际乒联于 1957 年决定“埃及杯”将由世乒赛主办城市保存，直至下届世乒赛开幕之日。“埃及杯”是友好的象征，世乒赛主办城市的名字将被刻在这一纪念杯上。在每次世乒赛的开幕式上，上届主办城市的代表需将“埃及杯”交给埃及代表，然后再由埃及代表转交给新的世乒赛主办城市的代表（图 4－12）。

图4－12

二、奥运会乒乓球比赛

1988年乒乓球列入奥运会正式比赛项目，共设男子单打、女子单打、男子双打和女子双打4块金牌。乒乓球进入奥运会后，大大提高了乒乓球运动在国际体坛的地位。

到2008年8月在北京举办第29届奥运会，它已6次出现在夏季奥运会比赛赛场。作为世界公认的中国“国球”，乒乓球在奥运会上是中国体育代表团的优势项目，中国乒乓球队几乎垄断了奥运会这一项目的金牌。6届奥运会共产生24枚乒乓球金牌，其中20枚都被中国运动员摘取，余下的4枚金牌中有3枚被韩国选手夺得，1枚被瑞典的瓦尔德内尔获得。(图4－13～图4－19)

奥运会乒乓球赛原本设有男子单打、女子单打、男子双打和女子双打4个比赛项目，而国际乒乓球联合会出于增加比赛精彩程度的考虑，在雅典奥运会期间与国际奥委会及相关各方商议后，宣布在不增加参赛总人数的情况下，在2008年奥运会上以团体比赛取代双打比赛。该项提议已经在2005年10月的国际奥委会新加坡会议上获得批准。2008年8月北京奥运会乒乓球比赛项目为男子团体、女子团体、男子单打、女子单打。

1992年 邓亚萍

邓亚萍、乔红

图4－13

1996 年 邓亚萍

邓亚萍、乔红

刘国梁、孔令辉

刘国梁

图 4－14

2000 年 王楠

王楠、李菊

王励勤、阎森

孔令辉

图 4－15

2004 张怡宁

马琳、陈杞

张怡宁、王楠

图 4－16

2008 年 女子团体冠军

（王楠、张怡宁、郭跃）

男子团体冠军

（王励勤、王皓、马琳）

图 4－17

图 4－18 张怡宁

图 4－19 单打前三名。马琳（中）冠军

奥运会乒乓球比赛竞赛方法采用分组预选和单淘汰加铜牌附加赛或排名淘汰赛加铜牌附加赛的方式。比赛采取 11 分制，即先得 11 分的一方为胜方，10 分平后先多得 2 分的一方为胜方；单打的淘汰赛采用七局四胜制；团体赛中一、二、四、五场为单打，第三场为双打，采用五局三胜制，且一个队由 3 名运动员组成，每名运动员出场 2 次。

三、世界杯乒乓球比赛

由国际乒联举办，又称“埃文斯杯赛”。1980 年 8 月 29 ~ 31 日在香港举行了第一届世界杯乒乓球比赛，此后每年举行一届，到目前一共举办了 30 届。比赛仅设男子单打一个项目，由国际乒联指定 16 名运动员参赛，分别是世界单打冠军、各州单打冠军、主办协会单打冠军和国际乒联公布的世界优秀选手名单中名次列前的部分选手。

第三节　乒乓球运动名人简介

一、乒乓球王国的“家长”——教练员

（一）蔡振华

1961 年 9 月出生，江苏无锡人，现任中国国家体育总局副局长、中国乒乓球协会主席、中国羽毛球协会主席。1978 年被选入中国乒乓球队。主要技术是左手横握球拍，正手弧圈球旋转强、速度快、变化多、威胁大，抢攻积极凶猛，有良好的心理品质。

在 1981—1985 年世乒赛上，蔡

振华和队友一起夺得三次男团冠军。此外，在 1981 年，他和队友李振恃搭档参加男子双打比赛获得冠军；1985 年和女队员曹燕华搭档参加混双比赛获得冠军。

1985 年 6 月被公派到意大利国家队当教练。1989 年 11 月担任中国乒乓球男队的教练，1991 年 6 月担任中国乒乓球男队主教练，1997 年 5 月担任中国乒乓球队总教练，在他担任教练的 10 多年来，乒乓球男队、女队均取得骄人的成绩。1992 年巴塞罗那奥运会，他指导王涛、吕林在男双中战胜对手获得冠军，让中国男队逐步度过低迷期（图 4－20；图 21）。

图 4－20 1995 年世乒赛，蔡振华和弟子们夺冠后的喜悦之情

图 4－21 蔡振华指导女队队员王楠

知识小百科：奇怪的球拍

蔡振华刚进国家队的时候，他的球拍是两面红色胶皮，两面都可以用。1983 年第 37 届世乒赛中，他单骑闯关，连克强敌。他与瑞典乒乓球名将瓦尔德内尔比赛中，用乒乓球拍把对手玩的团团转。因为相同颜色但两种不同的胶皮，无法判断究竟是哪一面击出的球。因此，国际乒联破格首次针对某位球员制定了新规则——今后球拍两面必须各粘红、黑两色胶色。因此蔡振华不得不选择早早退役。

（二）张燮林

1940 年出生，江苏镇江人。被称为乒乓球“魔术师”，主要技术是削球旋转性强、变化多，积极主动，以守为攻。1963—1965 年两届世界乒乓球锦标赛均和队友王志良搭档获得男子双打冠军，也是连续获得男子团体冠军的主力队员之一。1972 年担任中国女队教练。在他执教中，中国女队参加世乒赛，一共夺得 10 次女团冠军、9 次女单冠军、8 次女双冠军、9 次混双冠军；参加奥运会乒乓球赛，女单冠军都归于中国队。他在 25 年的执教经验上总结出了“二十八个心”。其中有对待比赛的“四心”：赛前要静心；比赛开始要有自信心；遇强者要有挑战心；遇弱者要谨慎小心（图4－22）。

图4－22 比赛中的张燮林

知识小百科：张燮林的忠心

在世界乒坛上，张燮林的名字如雷贯耳。当运动员和教练员期间获得的辉煌成绩，致使许多国外人士愿高薪聘请他去执教或去培训教练员，其教练员待遇大大优于当时他在国内教练员的待遇，有的甚至提出让他自己定薪金。他都婉言谢绝了。他的一些爱徒要出国前，都会征求他的意见，他建议他们当地方队的教练员不要当国家队教练。他认为国际比赛他和他的徒弟谁胜谁负都不好受。他觉得人才可以流动，但“对党、对国家要忠心”不能动。

（三）刘国梁

1976年1月出生，河南新乡人。现任中国国家乒乓球队主教练。1991年进入国家乒乓球队。他是中国采取直拍横打技术第一人，主要技术是右手直握球拍，左推右攻结合直拍横打快攻打法。发球好，落点刁，动作凶猛、快速。

他是中国第一位世乒赛、世界杯和奥运会“大满贯”获得者，一共获得了11个世界冠军。1995年世乒赛，获得男单冠军。2002年退役担任中国乒乓球队教练。2003年6月出任中国国家乒乓球队男队主教练，2004年3月，率领中国男子乒乓球队夺得第47届世乒赛男团冠军。2006年，率领中国男子乒乓球队夺得第48届世乒赛男团冠军和多哈亚运会男团冠军。2008年8月18日，率领中国男子乒乓球队夺得北京奥运会男子乒乓球团体赛冠军和男单前三名（图4－23）。

图4－23 2008年8月第29届奥运会，刘国梁和他的队员站在男团冠军的领奖台上

二、乒乓球王国的“孩子”——运动员

（一）国内运动员

1. 荣国团

名言：人生难得几回搏，此时不搏更待何时！

1937年8月出生于香港，从小酷爱打乒乓球，1952年代表香港参加比赛。1957年回到中国，1958被选入中国国家队。他创造了发转与不转球，搓转与不转球的新技术。中国乒乓球近台快攻的技术风格“快、准、狠”，在他的技术经验上增加了“变”。1959年第25届世界乒乓球锦标赛上，他为中国夺得了第一个乒乓球男子单打世界冠军，也是新中国第一个世界冠军获得者（图4－24）。1961年在第26届世界乒乓球锦标赛上，中国队第一次夺得男子团体冠军，容国团是主力队员之一。1964年后他担任中国乒乓球女队教练，中国女队在第28届世界乒乓球锦标赛上，获得了女子团体冠军。

图4－24 周总理接见获得乒乓球世界冠军的容国团

知识小百科

在20世纪50年代初，13岁的容国团便因生活困难而退学。因肺病折磨得瘦骨伶仃的他，打过杂，搬运过又脏又腥的鱼。中华人民共和国成立5周年时，16岁的容国团参加了一场庆祝国庆的乒乓球表演赛。鱼行老板生气说他耽误做工，让其写悔过书。容国团回答：“爱国无罪，不能写悔过书。”老板威胁他说：“你不写悔过书就吃辞工。”容国团斩钉截铁地说：“人头落地也不写！”他果真辞了工作。鱼行老板自知赌注下错了，不得不反过来加薪，求容国团去球会打球。容国团一口回绝说：“不去！给多少钱也不去，我人穷志不穷。”他拥有超人的意志和品质。

2. 邓亚萍

名言：冠军只有一个，你必须要做强者才能在竞技场成功！

邓亚萍：1973年2月出生，河南郑州人。2009年4月，邓亚萍正式就任共青团北京市委副书记。邓亚萍的技术特点是右手横握球拍，近台快攻结合弧圈，打球时“快、准、狠”，气势上压倒对手。她把直拍发球手腕灵活的特点，通过握拍手指的变化移植到横式握拍法上，极大地推动了前三板技术的质量。

邓亚萍5岁起跟随父亲学打球，13岁就夺得全国冠军。由于其身材矮小，3次入国家队被拒绝。15岁进入国家队，16岁在第40届世界乒乓球锦标赛上成为女子团体和女子双打的双料冠军。18岁的她第一次登上世界女子单打冠军的宝座。她一生获得18个世界冠军（14个世界冠军，4个奥运冠军），在乒坛世界排名连续8年保持第一，是排名世界第一时间最长的女运动员。她有着“世界乒坛皇后”的美称。她的球技得到当时国际奥委会主席萨马兰奇的喜爱，并5次亲自为她颁奖，两人建立起“忘年交”（图4－25；图4－26）。1997年，萨马兰奇主席任命邓亚萍为国际奥委会运动员委员会委员。2008年她任奥运会北京奥组委奥运村部副部长。

图4－25

图4－26

知识小百科：不懈努力的“乒坛皇后”

1997年11月邓亚萍退役进入清华大学外语系学习。开学报到时，邓亚萍费尽心思才把26个字母写出来。后来，为了能跟上学校的课程，她不仅压缩自己的睡眠时间，而且把吃饭的时间都用于学习，走路的时候也是一边走路一边看书。她认真完成作业，其学习的劲头让老师和同学佩服不已。1998年2月，她前往英国剑桥读书。她一边在所学学校学习，一边还要去语言学校学习英语。通过她的不懈努力，2001年她获得学士学位。但是她没有停止学习，2002年她在英国诺丁汉大学获硕士学位，2008年在剑桥大学获博士学位。她说："如果亚运会、世乒赛和奥运会的冠军是我乒乓球生涯的三大满贯，那么清华获得学士学位、诺丁汉大学硕士毕业和取得剑桥博士，就是我要完成的另一项大满贯。"

3. 王楠

1978年10月出生，辽宁省抚顺市人。她的技术特点是左手横握球拍，弧圈球结合快攻打法。心理素质好，善于调节击球的节奏。她是继邓亚萍退役之后中国女队的领军人物，几乎包揽所有比赛女子单打冠军，是中国女运动员第二个"大满贯"选手。

王楠7岁开始打球，15岁被选入国家队。王楠以24个世界冠军头衔成为目前夺得冠军头衔最多的乒乓球选手。从1999年的第45届世乒赛到2003年的第47届世乒赛，王楠连续3次夺得世乒赛女子单打冠军；从1999年的第45届世乒赛到2007年的第49届世乒赛她先后和李菊、张怡宁搭档，连续5次夺得世乒赛女子双打冠军；2000年第27届悉尼奥运会王楠夺得女子单打冠军，和李菊搭档夺得女子双打冠军（图4－27；图4－28）；2004年雅典奥运会王楠和张怡宁搭档夺得女双冠军。

2008年北京奥运会，王楠、张怡宁、郭跃共同奋战，最终夺得女子团体冠军，她一共获得4枚奥运会金牌。北京奥运会后，王楠退役，现在在团中央工作。

图4－27

图4－28

4. 张怡宁

名言：用积极的心态来激励自己，你一定能成功。

张怡宁，1981 年 10 月出生于北京。5 岁打球，12 岁进入国家队。她的技术特点是球风硬朗，打法凶狠。目前，她是世界上排名第一的乒乓球女运动员。2004 年雅典奥运会女单、女双冠军；2005 年夺得第 48 届世乒赛女单冠军，实现世锦赛、奥运会和世界杯的大满贯。2008 年北京奥运会，张怡宁代表运动员宣誓，是 2008 年奥运会女单冠军和女团冠军的主力队员之一（图 4 – 29；图 4 – 30）。

图 4 – 29

图 4 – 30

知识小百科：“哭出来”的小冠军

1990 年，9 岁的张怡宁代表所属区域参加北京市乒乓球比赛。她一路过关斩将，闯进决赛，决赛的对手是她的同伴，以前的比赛中张怡宁从来没输给她。这次比赛的前两局两人打成了 1∶1，第三局打成了 15∶13，对方领先。张怡宁一下子傻了，没想到同伴会突然变得这么厉害，打的那么辛苦可是自己一点应对的办法也没有。想着想着觉得很委屈，于是她“哇”地一下痛哭起来。其对手在她的“眼泪汪汪”下分了神，输了。于是夺得了冠军。

（二）国外运动员

1. 福原爱

1988 年 11 月出生于日本宫城县仙台市，该地也是鲁迅曾经留学所在地。福原爱的打球方式是右手横拍快攻（图 4 – 31），迄今为止为日本获得过 7 个奖项。她 3 岁开始打乒乓球，6 岁获得日本小学生乒乓球冠军。2000 年她进入日本国家乒乓球队，成为中间最小的运动员。15 岁时便已经成为国家乒乓球女队炙手可热的新星，也成为了整个国家都喜爱的人气宝贝。福原爱自幼在中国进行乒乒球训练和比赛，能说一口流利的汉语，深得中国观众喜爱。她的乒乓球实力目前在日本处于最前列，在中日两国都拥有超高的人气，被人们亲切地称作“瓷娃娃”。2009 年 7 月国际乒联职业巡回赛摩洛哥站，福原爱夺得女单、女双冠军（图 4 – 32）。

图 4 – 31

图 4 – 32

知识小百科：中日的亲善大使

福原爱，有着一张小天使般美丽无邪的娃娃脸，总能让人看到那只有未经世故的少女才有的纯真灿烂的笑容。她自小离开家乡，来到了中国打球。在闪光灯前，这个被人们亲切地称作“瓷娃娃”的小姑娘举着一张卡片，上面用汉字写着“中日友好”，以及她自己龙飞凤舞的名字——福原爱。一个水晶一样晶莹剔透的少女，她的运动装上绣着中国和日本两面国旗，还用手举起了“中日友好”的标语。2005 年 4 月 23 日拜会中国驻日大使王毅，写下“中日友好”留念（图 4 – 33）。2008 年 5 月 8 日下午，福原爱与在日本访问的中国国家主席胡锦涛打球交流。

图 4 – 33

2. 瓦尔德内尔

1965 年 10 月出生，瑞典人，被誉为“乒坛常青树”。6 岁，瓦尔德内尔学打乒乓球。12 岁，他获得了第一个冠军。1980 年 15 岁的瓦内德内尔应中国乒协邀请第一次来中国打球（图 4 – 34），进行乒乓球技术交流。1989 年第 39 届世乒赛上他获得乒乓生涯的第一个世界冠军——男单冠军（图 4－35）。

瓦尔德内尔是右手横握球拍，是将中国的近台快攻打法与欧洲中远台两面拉弧圈打法融为一体，把各种技术不断地重新组合，形成全方位的攻防转化、攻守结合的新技术风格；创造性地使用了“横拍直握”的发球法，发球技术在世界乒坛首屈一指（图 4－37），同时也极大地推动了欧洲运动员的前三板技术的提高。

瓦尔德内尔曾在 1989 年到 1997 年 19 次排名世界第一，而且是 20 世纪过去的 11 年中排名从来没有低于 7 名之后的乒乓运动员，也是最早获得奥运会金牌、世界乒乓球锦标赛冠军、世界杯冠军、和欧洲锦标赛冠军的男子选手。他是中国队长达 21 年的对手，第一代对手是蔡振华，之后连续成为蔡振华四拨弟子的强劲对手。2006 年退役，时年已经 40 岁了。

图 4－34

图 4－35

图 4－36

3. 波尔

1981 年 3 月出生于德国。被视为瓦尔德内尔的接班人。波尔是横握球拍两面拉弧圈打法，其技术特点是正反手相持能力强，技术全面，心理素质好。他 4 岁开始打球，16 岁代表德国参加第一个国际赛事，取得单打冠军。2002 年首次夺得世界杯男单冠军。2003 年 1 月成为世界排名第一的男子乒乓球选手（图 4－37）。2008 年奥运会波尔率领德国乒乓球队夺得男子团体的银牌。2009 年卡塔尔乒乓球公开赛，波尔战胜中国选手马琳夺得冠军（图 4－38）。

图 4－37

图 4－38

第四节　乒乓球运动欣赏

乒乓球运动是一项很细微的运动。在比赛过程中，运动员的心理和精神都处于一种高度集中的状态，运动员需要用眼睛仔细观察对手球拍撞击球时的动作、时间、部位、拍形和来球的运行情况及对手的表情等，还要用耳朵听出对手球拍撞击球的声音，从而判断出来球的旋转、速度、力量、落点、节奏情况以及对手的心理状态、可能采取的战术等方面的情况，同时还要考虑自己如何回球。运动员对这些情况的正确判断和击出有威胁的回球，除了依赖自身的能力以外，还需要一个很好的赛场环境。观看乒乓球比赛应该注意以下几点：

一、保持安静

从运动员准备发球开始到这个球成为死球的这一段时间内，整个赛场要保持安静，不要鼓掌、跺地板、大声讲话、呐喊助威、随意走动、展示旗帜和标语等。

二、不要使用闪光灯拍照

闪光灯对乒乓球比赛的影响是非常大的，因为乒乓球球拍和球的碰撞是在瞬间完成的，闪光灯会闪花运动员的眼睛，使运动员无法判断来球的质量，从而影响到回球的质量和命中率。

三、轻声呐喊助威

乒乓球比赛前，不要将锣鼓和喇叭带进体育馆内，因为过大的声音、过激的语言会影响到运动员的心情和注意力。哪一方输了，不要产生嘘声，否则给球员带来压力，这就不好了。也不要对裁判产生嘘声。

四、遵守赛场规定

乒乓球场馆内禁止吸烟；手机关闭或调整到振动、静音状态。

第五章　乒乓球运动生理卫生与健康常识

乒乓球运动是一项对技巧性要求比较高的运动项目，它要求参与者必须在极短的时间里准确地判断并做出快速的击球动作，在此过程中身体的各个发力部位和关节都需要灵活快速的配合。因此本章主要介绍乒乓球运动中常见的关节损伤以及运动中易出现的运动损伤。

第一节　常见运动损伤

一、腕关节损伤

腕部主要由 8 块形状各异的小骨组成，手腕的活动范围较小。当击球时，整个手臂起到速度杠杆的作用，手腕快速做出内旋外展动作，如果腕关节灵活性不好或腕关节力量较差则容易发生运动损伤。

常见的腕关节准备活动：

（一）跪撑反压腕

双膝跪在地面，双臂直臂撑地。双手间距约与肩宽，拇指向外，其余手指向后。呼气，身体重心后移，移至臀部时，保持 10 秒钟。恢复开始姿势重复练习。

（二）十指按压

两脚分开与肩同宽，两臂胸前平举屈肘，双手指尖向上，十指尖反复相压。

（三）波浪传递

两脚分开与肩同宽，两臂胸前平举屈肘，双手十指松松交叉，做从左到右的波浪状传递，再从右到左传递返回。

二、肩关节损伤

肩关节做伸展、转肩以及超正常范围的剧烈活动时，受到反复牵拉与韧带发生摩擦而引起的损伤。乒乓球初学者常常抓起拍子就打，肌肉在没有完全活动开的情况下，猛然拉伸，很容易造成韧带、肌腱的损伤。

常见的肩部准备活动：

（一）提放双肩

两脚分开与肩同宽，双肩上提，尽力向耳朵方向提起，直到颈部和双肩感到轻微紧张。保持5秒钟，然后放下双肩。练习中默念“双肩提起，双肩垂下”。

（二）向内拉肩

两脚分开与肩同宽，抬起左臂肘关节至肩部高度屈肘，右臂伸直抬向左边，左臂肘关节紧扣右臂肘关节交叉。呼气，向左拉。保持4秒，还原。练习2次，左右臂交换重复练习。

（三）双臂绕环

两脚分开与肩同宽，双臂上举伸直，掌心向前。以肩关节为轴心，双臂向前、向下、向后绕动，绕回起始位置。练习2次，然后双臂向后、向下、向前绕动，绕到起始位置。

三、腰部损伤

在乒乓运动中，几乎每一次击球，都离不开转腰这个动作，腰部活动以大肌肉群为主，如果准备活动不充分，大肌肉群的惰性尚未克服，也是造成腰部运动损伤的一个重要原因。

常见的腰部准备活动：

（一）双手叉腰转体

两脚分开与肩同宽，双膝微屈，双手叉腰。身体右转，同时头向后转，眼睛向后看，保持10秒，还原。练习2次，然后换向左边。

（二）扶腰前推

两脚分开与肩同宽，双膝微屈，双手扶腰，手指向下。向前轻轻推手掌，手臂要伸直，保持10秒，重复2次。

（三）双脚叉开，比肩略宽，双手反托在腰后，反复做前俯动作和后仰动作以及腰部回环动作，幅度不用太大，活动开腰部就可以。然后再做几个腰部扭动动作，幅度不要大，动作要轻柔。

四、膝关节损伤

在乒乓球运动中，膝关节始终处于半屈状态，关节周围韧带处于紧张和牵拉状态（如绷紧的橡皮筋）。如果运动前膝关节没有进行适应性（或顺应性）训练，在突然过度牵伸时，就容易造成膝关节内外两侧副韧带的运动损伤。

常见的膝关节准备活动

（一）下蹲牵拉下肢

自然下蹲，双脚脚尖向外侧偏20°，双脚脚跟间距20～25厘米。双肩放于双膝内侧，在脚趾上方，保持10秒。

（二）膝关节摆动

（1）单膝提起，前后摆动（图5－1）；

（2）单膝提起，左右摆动（图5－2）；

（3）单膝提起，做圆周运动（图5－3）。

图5－1

图5－2

图5－3

注意：所有的关节活动必须在身体处于微热状态情况下进行。特别是冬季，一定先要进行跑步热身练习。

第二节　常见运动损伤预防措施与临场处治方法

一、擦伤

即皮肤的表皮擦伤，机体表面与粗糙的物体相互摩擦而引起的皮肤表层损伤。

处治方法：用清水或生理盐水把伤口清洗干净，如果擦伤伤口不深，只需涂红药水即可；如果擦伤创面较脏或有渗血时，用清水或生理盐水冲洗干净伤口之后，贴一块止血贴或创可贴就行。

二、肌肉拉伤

指肌肉在运动中急剧收缩或过度牵拉引起的损伤。

处治方法：一旦出现痛感应立即停止运动。肌肉拉伤后尽快用毛巾包裹冰块“冷敷”。没有冰块（冰冻矿泉水或冰棒）时，就将毛巾浸湿冷水后放在伤部，两分钟换一次，这样不断持续保持30分钟。此后可在疼痛处涂抗炎镇痛药物或喷洒云南白药气雾剂等。

三、关节扭伤

运动中由于外力使关节活动超出正常生理范围导致的曲伤。

处治方法：急性扭伤发生后，应立即停止活动，以减少出血。立刻用冷水冲扭伤部位或用冰块冷敷局部以达到止血的目的。但如果听到骨碎声，发生剧烈疼痛、肿胀和皮下淤血状况。则要立即找硬质物体固定住骨折关节，不能移动，然后送往医院。

注意：如遇到扭伤脚踝的情况，先别急着脱鞋，一般运动鞋系得紧，勉强脱下会让受伤部位更加疼痛。不要让伤者走路，也不要让其用扭伤的那只脚站立。采取上面介绍的按压冷敷的方法处理伤处。在24小时之后，才开始按摩、热敷、用红花油等活血药物。

四、肌肉痉挛

俗称抽筋，是肌肉发生不自主的强直收缩所表现的一种现象。

处治方法：肌肉痉挛发生后，应

以相反方向持续牵拉痉挛肌肉，用力缓慢、均匀，禁用暴力，并要注意保暖。

五、运动中腹痛

运动时，腹部出现的不同程度的疼痛。

处治方法：发生腹痛时，首先减慢运动速度、加深呼吸、调整节律，自行用手按痛处，弯腰慢跑，一般疼痛会减轻或消失。当自我调节无效时，应停止运动，口服解痉药物或点、掐、针刺足三里、内关、合谷、三阴交等穴位和进行腹部热敷。如仍无效，则需请医生诊治。

三、夏季运动注意事项

(1) 锻炼后要多次少量饮水，不能大口饮水。锻炼后若大量饮水，会增加心脏负担。同时，会使引起身体痉挛等症状。

(2) 锻炼后用帕子或纸巾擦汗，不能立即用冷水洗脸。锻炼后身体发热若遭到过强冷刺激，会造成身体内脏器官功能紊乱，大脑体温调节失常，以致生病。

(3) 锻炼后不能大量吃冷饮。锻炼后吃冷饮不仅降低了胃的温度，而且也冲淡了胃液，使胃的生理机能受损。轻则引起消化不良，重则导致急性胃炎。

第六章　乒乓球运动竞赛规则与裁判工作

任何项目的开展都离不开一定的场地和器材。任何体育项目也都有自己独特的技术要求和比赛规则。乒乓球运动有其独特的场地和器材条件，也有独特的技术和规则要求。要在乒乓球运动中获取无穷的乐趣，必须要了解乒乓球比赛的基本知识和技术规则。

第一节　乒乓球竞赛组织与编排

一、单循环赛

单循环赛是指让参加比赛的各队或各运动员之间相互比赛一次。在单循环赛中，各队或各运动员均出场一次，称为一轮。每两个运动员之间比赛一次，称为一场。

单循环场数计算公式是：总场数 $= n(n-1)/2$，n 为参赛队队数或人数。若 n 为偶数时，轮数 $= n-1$；若 n 为奇数，轮数 $= n$。

单循环赛适用于比赛队伍较少的比赛。

二、分组循环赛

分组循环赛是指在运动员人数或运动队比较多的时候，可以通过分组的方法进行比赛。在预赛中采用单循环的比赛方法，在决赛中可采用单循环赛、同名次赛或交叉赛等，故也称这种竞赛方法为混合循环制或两阶段制。一般在事先确定种子选手或种子队，使种子选手或种子队分入各组，以免强手或强队集中。一般 4 ~ 6 人分一组比较适宜。

分组循环适用于有较多的比赛队

伍参加的比赛。

三、单淘汰赛

单淘汰赛是指运动员或运动队按排定的秩序由相邻的两名运动员进行比赛，胜的队员进入下一轮比赛，负的队员淘汰，直到留下的最后一名运动员为比赛的冠军。世界乒乓球锦标赛中的男子单打、男子双打、女子单打、女子双打、混合双打均采用了单淘汰赛。

单淘汰赛适用于场地少、较多比赛队伍参加的比赛。

第二节　乒乓球比赛的基本知识

一、场地、设施的基本情况

（一）乒乓球台

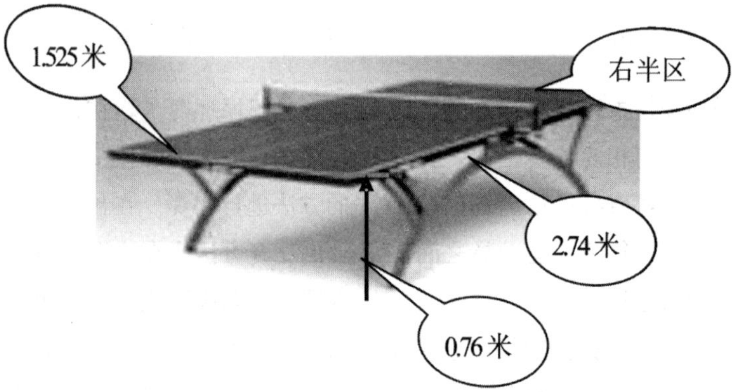

图 6－1

乒乓球球台的上层表面叫做比赛台面，是一个与地面平行的长方形。比赛台面由一个与端线平行的垂直的球网划分为两个相等的台区，各台区的整个面积应是一个整体。双打时，各台区应由一条 3 毫米宽的白色中线，划分为两个相等的半区（图 6 - 1）。

（二）乒乓球网

乒乓球网装置包括球网、悬网绳、网柱及将它们固定在球台上的夹钳部分。整个球网的顶端距离比赛台面 15. 25 厘米（图 6 -2）。

图 6 -2

（三）乒乓球

乒乓球为球体，重量 2. 6 ~2. 8 克，白色、黄色或橙色，用赛璐珞制成（图 6 -3；图 6 -4）。

图 6 -3

图 6 -4

（四）乒乓球拍

球拍的大小、形状和重量不限，但底板应平整、坚硬。球拍两面不论是否有覆盖物，必须无光泽，且一面为鲜红色，另一面为黑色（图 6 -5；图 6 -6）。

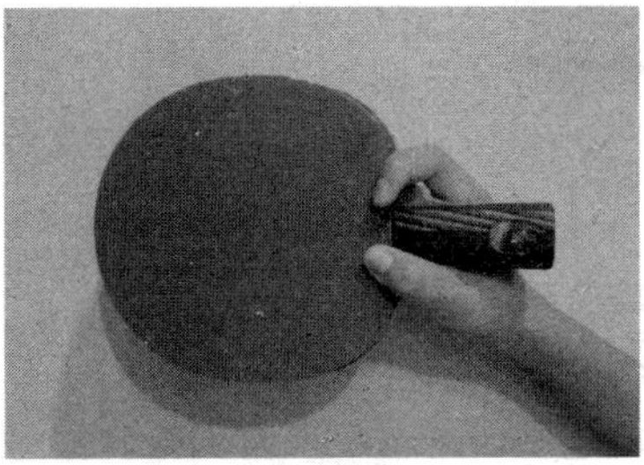

正 面

图 6 -5

反 面

图 6 -6

二、基本规则

（一）发球

发球员用手把球垂直上抛，不得使球旋转，并使球在离开不执拍手的手掌之后上升不少于16厘米。当球在下降时才能击球，击球后使球首先触及本方台区，然后越过或擦过球网装置，再触及接发球员的台区。在双打中，球应先后触及发球员和接发球员的右半区（图6－7～图6－9）。

图6－7

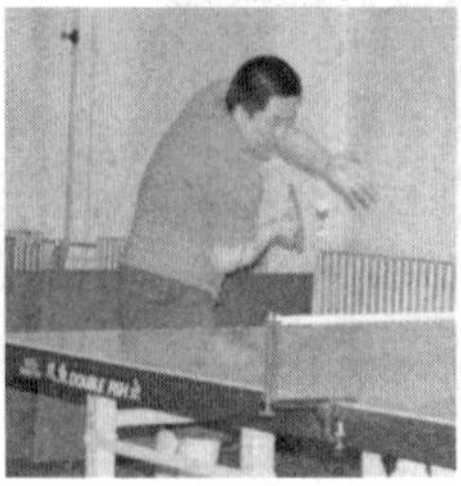

图6－8

图6－9

注意：发球时，球不能触及球网装置，若触及则要重新发球。发球后，若当对手未准备好时，也要重新发球。双打比赛中错发或错接要重新发球。重新发球不予判分。

（二）击球

对方发球或还击后，本方运动员必须击球，使球直接越过或触及球网装置后，再触及对方台区（图6－10；图6－11）。

图6－10

图6－11

（三）一局比赛和一场比赛

一局比赛中，先得 11 分的一方为胜方，10 平后，先多得 2 分的一方为胜方。一场比赛中，单打采用七局四胜制，团体赛中的一场单打或双打采用五局三胜制。

（四）比赛的发球次序和方位

比赛前，双方队员抽签。获胜的一方优先选择发球、接发球或某一方比赛场地。当一方运动员选择了先发球或先接发球，或选择先在某一方比赛场地后，另一方运动员应有另一个选择的权力。

1. 单打比赛（图 6－12 ）

在获得每 2 分之后，接发球方即成为发球方，依此类推直至该局比赛结束。当双方比分都达到 10 分则实行轮换发球法，每人只轮发 1 分球，直到一局比赛结束。在决胜局中（指第五局或第七局），一方先得 5 分时，双方应交换方位。

图 6－12

2. 双打比赛（图 6－13）

（1）双打的第一局比赛中，先发球方确定第一发球员，再由先接发球方确定第一接发球员。第一发球员确定后，第一接发球员应是前一局发球给他的运动员。

（2）在双打中，每次换发球时，前面的接发球员应成为发球员，前面的发球员的同伴应成为接发球员。

（3）一局中，首先发球的一方，在该场下一局应首先接发球。在双打决胜局中（指第 5 局或第 7 局），当一方先得 5 分时，接发球方应交换接发球次序。

（4）一局比赛结束后，应该交换方位。在决胜局中（指第 5 局或第 7 局），一方先得 5 分时，双方应交换方位。

（5）双方比分为 10 平时，或采用轮换发球法时，发球和接发球次序不变，但每人只轮发 1 分球。

图 6－13

(五) 报分

报分时，裁判员应首先抱下一回合即将发球一方的得分数，然后报对方的得分数。

第三节　裁判术语和手势

术语和手势是裁判员在执行规则时的技术用语和动作。比赛中，裁判员为了向运动员和观众表明判分的原因，并及时了解比赛的进行情况，特别是国际比赛，由于语言不通，或因比赛场内球台多，人声嘈杂，就更需要采用术语和手势表达。术语和手势，要精练、明确、果断，动作要大方。

一、停、时间到、重发球

手势：右手举起，肘部伸直，手掌平伸（图6－14）。

图6－14

二、准备、发球

图 6－15

手势：手臂伸直，手掌平伸指向发球选手，表示发球，同时报出第 X 局 XX 发球，XX（接发球方）准备（图 6－15）。

三、得分

图 6－16

手势：举起右手（或左手），肘部弯曲，握拳，表示得分（裁判右侧选手得分举右手，左侧选手得分举左手），同时报出比分。

四、练球两分钟

手势：右手举起，肘部弯曲，伸出食指、中指，表示练习 1 分钟（图 6－17）。

图 6－17

五、擦边

手势：手臂伸直用食指指向擦边的方向，表示擦边（图 6－18）。

图 6－18

附　录

专业词语中英文对照表

乒乓球 Table Tennis

乒乓球拍 Table Tennis Bat

直握拍 Penholder Grip

横握拍 Knife Grip

发球 Serve

平击发球 Flat Service

奔球 Quick Top Spin Service

发转球 Heavy Spin Service

发不转球 Knuckle Service

侧旋球 Sidespin Service

下蹲发球 Crouching – Position Service

高抛发球 High Toss Service

接发球 Service Reception

推挡球 Block shot the ball

平挡球 Flat block the ball

快推 Fast Push

加力推 Push with Accentuated Force

减力挡 Cushion Block

反手快拨 Backhand Volley

正手快攻 Forehand Fast Attack

反手快攻 Backhand Fast Attack

正手扣杀 Forehand Smash

正手杀高球 Forehand Hit Lob

搓球 Chopping

慢搓 Slow Chop

快搓 Fast Chop

弧圈球 Loop

加转弧圈球 High – spin Loop Drive

削球 Chop

正手削球 Forehand Chop

反手削球 Backhand Chop

国际乒乓球联合会 International Table Tennis Federation

中国乒乓球协会 Chinese Table Tennis Association

世界乒乓球锦标赛 World Table Tennis Championships

世界杯乒乓球比赛 World Cup Table Tennis Competition

参考文献

[1] 全国体育学院教材委员会审定. 乒乓球. 北京：人民体育出版社，1992.

[2] 刘建和. 乒乓球教学与训练. 北京：人民体育出版社，2004.

[3] 苏丕仁. 乒乓球教学与训练. 北京：人民体育出版社，1995.

[4] 林晓彦. 乒乓球入门. 合肥：安徽科学技术出版社，1998.

[5] 岳海鹏. 乒乓球打法与战术. 北京：人民体育出版社，2002.

[6] 邱忠惠等. 现代乒乓球技术研究. 北京：人民体育出版社，1982.

[7] 芩淮光等. 怎样打好乒乓球. 北京：人民体育出版社，2001.

[8] 中国乒乓球协会. 乒乓球竞赛规则. 北京：人民体育出版社，2007.

[9] 亓圣华，李繁华，等. 乒乓球运动训练中损伤的一般规律及预防. 山东体育科技，2002. 12 (4).

[10] 朱丽娜，李小军. 青少年乒乓球球感的培养. 少年体育训练，2008 (1).

[11] 赵万润. 乒乓球运动特点及防守与进攻. 山东体育科技，1995 (2).

[12] 高魁莲. 青少乒乓球训练应该注意加强的几个问题. 沈阳体育学院学报，2001 (1).

[13] 孟瑾. 幼儿乒乓球趣味练习十法. 山东教育，2002 (7).

[14] 张秋芬. 少儿乒乓球训练中的运动损伤与预防. 湖北体育科技，2006. 1 (1).

[15] 唐颖，陈智敏. 青少年乒乓球素质训练九法. 体育教学，2005 (3).

[16] 彭元华. 乒乓球运动与休闲. 景德镇高专学报，2008. 6 (2).

[17] 王俊鹏. 少儿乒乓球运动训练内容特点分析. 武汉科技学院学报，2008. 12 (12).

[18] 孔博，王婷. 浅析乒乓球运动在终身体育中的推广. 体育世

界，2009（3）.

［19］邓焰峰. 论乒乓球的人文教育. 安徽文学，2009（4）.

［20］王燕. 对我国乒乓球运动人文价值的初探. 体育世界，2008（7）.

［21］钟宇静，王大中. 乒乓球运动发展中蕴含的哲学. 北京体育大学学报，2008. 4（4）.

［22］郑志步等. 大众趣味体育竞赛游戏. 北京：科学出版社，2007.

［23］刘福林. 体育游戏. 北京：北京体育大学出版社，2009.

［24］蔡锡元，李淑芳. 体育游戏. 北京：人民体育出版社，2001.

［25］林维成. 汉英体育惯用词语分类词汇. 北京：化学工业出版社，2005.

［26］体育游戏教材编写组. 体育游戏. 北京：高等教育出版社，1996.